O Problema do Contrato Administrativo

NO QUADRO NORMATIVO DECORRENTE DO CÓDIGO DOS CONTRATOS PÚBLICOS REVISTO

O Problema do Contrato Administrativo

NO QUADRO NORMATIVO DECORRENTE DO CÓDIGO DOS CONTRATOS PÚBLICOS REVISTO

2018 • Reimpressão

Mário Aroso de Almeida

ALMEDINA

O PROBLEMA DO CONTRATO ADMINISTRATIVO
NO QUADRO NORMATIVO DECORRENTE DO
CÓDIGO DOS CONTRATOS PÚBLICOS REVISTO

AUTOR
Mário Aroso de Almeida

EDITOR
EDIÇÕES ALMEDINA, S.A.
Rua Fernandes Tomás, nºs 76-80
3000-167 Coimbra
Tel.: 239 851 904 · Fax: 239 851 901
www.almedina.net · editora@almedina.net

DESIGN DE CAPA
FBA.

PRÉ-IMPRESSÃO
EDIÇÕES ALMEDINA, SA

IMPRESSÃO E ACABAMENTO
PENTAEDRO, LDA.

Dezembro, 2018

DEPÓSITO LEGAL
442014/18

ALMEDINA | GRUPOALMEDINA

BIBLIOTECA NACIONAL DE PORTUGAL – CATALOGAÇÃO NA PUBLICAÇÃO

ALMEIDA, Mário Aroso de

O problema do contrato administrativo : no quadro normativo decorrente do código dos contratos públicos revisto. – (Monografias)
ISBN 978-972-40-7496-2

CDU 342

NOTA PRÉVIA

O *problema do contrato administrativo* que o Código dos Contratos Públicos (CCP) coloca é o *problema do âmbito do contrato administrativo*, que decorre do enorme alargamento a que o CCP procedeu da figura do contrato administrativo sem fazer acompanhar esse alargamento da necessária modernização/flexibilização do regime que lhe fez e ainda faz corresponder; e o *problema do conteúdo dos regimes substantivos aplicáveis aos contratos administrativos*, em particular no que diz respeito aos contratos que, não correspondendo ao paradigma tradicional dos contratos de colaboração subordinada, continuam a não encontrar no CCP o regime substantivo adequado, com destaque para os contratos sobre o exercício de poderes públicos. Este é o objeto da análise que se propõe no presente livro.

Com relevo para o objeto da análise, a recente revisão do CCP introduziu, entretanto, duas modificações: a alteração da designação dada ao Título I da Parte III e a modificação do regime do artigo 280º. Essas modificações serão, naturalmente, objeto particular de análise. Mas desde já se antecipa que, só por si, se afigura escasso o alcance efetivo que delas decorre. O problema do contrato administrativo, nos dois planos em que, neste livro, nos propomos analisá-lo, continua, pois, a colocar-se, à face do Código revisto, sensivelmente nos mesmos termos em que já se colocava anteriormente. Isto significa que a revisão do CCP constituiu, quanto a este ponto, uma oportunidade perdida. Esta é uma razão que, a nosso ver, justifica a oportunidade da publicação deste livro neste momento.

A análise firmará raízes nas lições que se podem e devem colher da evolução histórica e do direito comparado: fontes imprescindíveis para que os problemas a equacionar sejam colocados em perspetiva, de modo a permitir que o olhar do leitor se projete para além das pré-compreensões em que se fundam as soluções consagradas no CCP e os argumentos que, em sua defesa, têm sido enunciados na doutrina nacional.

I
Enquadramento

1. É reconhecido na doutrina que a construção, no espaço continental europeu, de um Direito Administrativo com características comuns no plano da definição dos princípios disciplinadores do exercício dos poderes de autoridade da Administração – do qual, sem prejuízo das especificidades nacionais que a diferenciam de um ordenamento jurídico para outro, pode dizer-se que a teoria do ato administrativo é a máxima expressão – não se refletiu no plano das relações jurídicas administrativas cuja génese não se funda no exercício de poderes de autoridade, cujo paradigma reside nas relações contratuais[1].

Embora a partir, como se verá, de uma matriz comum, é, com efeito, heterogéneo o panorama que o direito comparado nos oferece no que diz respeito ao enquadramento normativo das relações contratuais da Administração. Esta circunstância tem uma explicação histórica, que ainda hoje tem grande relevo para a caracterização, quanto a este ponto, dos diferentes ordenamentos jurídicos europeus e de que, por isso, cumpre dar conta, nos seus traços essenciais, como ponto de partida da presente análise.

[1] Cfr., por todos, Rozen Nogellou/Ulrich Stelkens in Rozen Nogellou/Ulrich Stelkens (eds.), *Droit Comparé des Contrats Publics – Comparative Law on Public Contracts*, Bruxelas, 2010, pp. 8 segs..

A partir de determinado momento, é possível identificar duas grandes linhas de evolução no espaço europeu continental a este respeito, que viriam a separar o Direito francês – e os de Espanha e Portugal, que sofreram a sua influência – dos demais ordenamentos jurídicos, sendo que é entre o modelo francês e o modelo alemão que a contraposição se apresenta com um perfil mais vincado[2].

É, por isso, natural que, no enquadramento inicial do nosso tema, que se pretende centrar na figura do contrato administrativo no vigente ordenamento jurídico português, se comece por fazer uma breve referência aos traços caracterizadores de cada um desses dois modelos[3], assim como aos termos em que, ao longo do tempo, a sua influência se projetou na evolução do nosso ordenamento jurídico nesta matéria.

[2] Cfr. Maria João Estorninho, *Requiem pelo contrato administrativo,* Coimbra, 1990, p. 46, que fala, a este propósito, da existência de "dois *modelos* ou *matrizes* originária e tendencialmente diferentes quanto à forma de conceber a contratualização da Administração"; Pedro Gonçalves, *Direito dos Contratos Públicos,* Coimbra, 2015, que vai mesmo ao ponto de falar, a este propósito, de "duas histórias do contrato administrativo" (p. 378), que, no direito europeu comparado, deram origem a dois modelos fundamentais distintos e, no nosso ordenamento jurídico, a uma verdadeira dualidade do Direito dos contratos administrativos (pp. 427-430 e 452-455). Como assinala Alejandro Huergo Lora, *Los contratos sobre los actos y las potestades administrativas,* Madrid, 1998, p. 361, "a categoria jurídica [alemã dos] 'contratos sobre atos e poderes' não coincide com a categoria 'contratos administrativos' [da tradição francesa, espanhola, grega e portuguesa] porque ambas têm uma função diferente, o que determina um âmbito de aplicação e um regime jurídico distintos". Neste sentido, Michel Fromont, *Droit administratif des États européens,* Paris, 2006, pp. 297 segs., contrapõe, na verdade, o modelo francês ao modelo de submissão de princípio dos contratos públicos ao direito privado, que associa, por um lado, à Alemanha e, pelo outro, à Grã-Bretanha (em particular, sobre a receção do modelo francês em Espanha, Portugal e, na sua opinião, também Grécia, cfr. pp. 306-308). Na mesma linha de contraposição dos modelos francês e alemão, cfr. Alberto Massera, "L' attività contratuale", in Giulio Napolitano (ed.) *Diritto Amministrativo Comparato,* Milão, 2007, pp. 179 segs..

[3] Como adiante se verá, a contraposição resulta da circunstância de o Direito Administrativo se ter estruturado de modo diferente na França, em que assume uma *vocação globalizante* (M. J. Estorninho, *Requiem pelo contrato administrativo,* p. 47), e na generalidade dos outros países da Europa continental, como a Alemanha e a Itália, que, em síntese, se pode dizer que "sofrem uma maior influência das correntes liberais, atribuem ao direito comum um papel não apenas residual, utilizam outras categorias ordenadoras, nem sempre recorrem a um juiz especial com competência tendencialmente geral sobre o contencioso administrativo" (cfr. Giulio Napolitano, "I grandi sistemi del Diritto Amministrativo", in Giulio Napolitano (ed.), *Diritto Amministrativo Comparato,* Milão, 2007, pp. 2 e 11).

É, pois, a uma primeira abordagem dos dois referidos modelos e do modo como eles influenciaram a evolução do Direito português sobre a matéria que será dedicado este primeiro ponto de enquadramento.

1. Os contratos de Direito Administrativo nos ordenamentos jurídicos francês e alemão

1.1. O contrato administrativo de matriz francesa

2. Desde logo pela notável influência que exerceu, e ainda hoje exerce, sobre o ordenamento jurídico português, merece ser objeto de atenção nesta sede, ainda que por grandes tópicos, o contexto singular do surgimento e pujante afirmação da figura do *contrato administrativo* no Direito francês.

Na verdade, o surgimento, em França, da figura do contrato administrativo não pode deixar de ser entendido à luz do modo peculiar pelo qual se processou a construção francesa do Direito Administrativo.

Um Direito Administrativo ainda hoje sem paralelo no mundo anglo-saxónico, porque, em resultado da laboriosa construção operada pelo Conselho de Estado e pelos glosadores da sua jurisprudência que a foram sistematizando ao longo de décadas, evoluiu de um mero amontoado desordenado de desvios ao Direito privado para se afirmar como um sistema dotado de uma lógica própria e autorreferenciada[4].

Mas um Direito Administrativo também quase sem paralelo na própria Europa continental, porque assente num entendimento do Direito Administrativo que, não o circunscrevendo à disciplina do exercício dos poderes unilaterais da Administração, como, até muito tarde, sucedeu na Alemanha ou na Itália, desde cedo se propôs construí-lo como um sistema com uma pretensão de universalidade, vocacionado para regular, numa visão omnicompreensiva, a generalidade das relações jurí-

[4] Para o confronto do *Droit Administratif* com o *Administrative Law*, cfr., por todos, a síntese de Luca Mannori/Bernardo Sordi, *Storia del Diritto Amministrativo,* Bari, 2001, pp. 511 segs..

dicas que envolvem a Administração[5] – entendimento cujo contraste é evidente com aquele que ainda hoje inspira o Direito Administrativo da generalidade dos demais países da Europa continental, a começar pelo Direito alemão[6], e que, para o efeito que interessa à presente análise, se concretiza na submissão ao Direito Administrativo de praticamente todos os planos do exercício da função administrativa, sempre configurada, em qualquer desses planos, como *puissance publique,* isto é, como

[5] A evolução em referência no texto parte da assunção em França, a partir de 1873, de uma noção funcional de serviço público, *a missão de serviço público,* como ponto de referência para a delimitação do âmbito da jurisdição administrativa e, assim, para a construção do Direito Administrativo. Na conseguida síntese de Mannori/Sordi, *Storia del Diritto Amministrativo,* pp. 420-421, por força desta evolução, "a dicotomia público-privado enriquece-se de novas facetas, engloba a nova dimensão social, abandona o esquema tradicional que opõe império a gestão, atividade imperativa a atividade meramente patrimonial: descobre a 'gestão administrativa' [...] Entre público e privado, entre formas autoritárias e formas privatísticas, entre ato administrativo e contrato, entre contencioso de anulação e jurisdição do juiz comum, interpõe-se uma zona cinzenta, marcada por uma atividade, desenvolvida por sujeitos públicos, que prossegue utilidades e objetivos de interesse geral, não redutível, portanto, à patrimonialidade civilística, mas diferente também do campo tradicional de expressão da soberania, privada das habituais conotações imperativas. 'Ao lado do poder público que comanda, surge aquele que gere a vasta empresa cooperativa dos serviços públicos'; 'a administração surge tanto como um poder que se afirma, quanto como um serviço, o mesmo é dizer, um trabalho que se cumpre'". É este o terreno propício ao surgimento de um contrato de Direito Administrativo, que nem é ato administrativo, nem contrato privado. A propósito, cfr. também M. J. Estorninho, *Requiem pelo contrato administrativo,* pp. 35, 46 segs. e 84-85, e *Curso de Direito dos Contratos Públicos – Por uma contratação pública sustentável,* Coimbra, 2012, pp. 186, 190 e 193-194.

[6] Como assinala Jacques Ziller, "Introduction: Les Droits Administratifs nationaux: Caractéristiques générales", in Jean-Bernard Auby/Jacqueline Dutheil de la Rochère (eds.), *Droit administratif européen,* Bruxelas, 2007, pp. 546-547, a evolução em referência no texto deveu-se, na verdade, a um contexto político-ideológico especificamente francês, o que explica que ela não viesse a ter projeção significativa no espaço europeu e, portanto, que, de um modo geral, não se assistisse noutros países a idêntico fenómeno de expansão do âmbito do Direito Administrativo. Cfr. também Armin von Bogdandy, "El Derecho Administrativo en el espacio jurídico europeo: perspectivas de una disciplina", in Armin von Bogdandy/Oriol Mir Puigpelat (eds.), *El Derecho Administrativo en el espacio jurídico europeo,* Valência, 2013, pp. 306-307, e, para um enquadramento, Andreas Abegg, "The evolution of the contracting State and his Courts", *American Journal of Comparative Law,* vol. 59 (2011), pp. 611 segs..

corpo dotado de poderes exorbitantes do Direito comum, com vista a assegurar a melhor prossecução do interesse público[7].

É neste contexto que se inscreve a construção francesa de uma teoria do contrato administrativo.

3. Ponto de partida foi a opção do legislador de subtrair, por razões políticas, a apreciação de certos contratos do Estado à apreciação dos tribunais judiciais, atribuindo a apreciação dos litígios referentes a esses contratos ao contencioso administrativo – sendo de notar que não foram, naturalmente, homogéneas as razões que, ao longo do tempo, foram determinando que, em França, certos tipos de contratos fossem

[7] Como nota MEILÁN GIL, "Las prerrogativas de la Administración en los contratos administrativos: propuesta de revisión", *Revista de Administración Pública* nº 191 (2013), p. 18, "as prerrogativas no contrato administrativo [francês] correspondem à consideração da Administração como poder, como *puissance publique,* e a uma concepção doutrinal do Direito Administrativo como Direito dessa Administração, ainda que se justifique pelo serviço público ou o interesse geral de que seria titular". Cfr. também GIULIO NAPOLITANO, "I grandi sistemi del Diritto Amministrativo", pp. 6-11. Como fazem notar MANNORI/SORDI, *Storia del Diritto Amministrativo,* pp. 422-423, se o critério do *service public,* atraindo para o regime administrativo as atividades não autoritárias da Administração, "exprime o mundo da cooperação, mais do que o da desigualdade jurídica conexa à relação de sujeição: interpreta o rosto dos deveres sociais do Estado [...] ele é, no entanto, sempre *service public;* está integrado numa instituição administrativa; a gestão que através dele se atua é necessariamente *gestion publique;* traz consigo para o novo campo da colaboração entre administração e cidadãos os tradicionais privilégios de autoridade. Não se reconquistam, assim, espaços para o direito comum: o *service* está longe da paridade do direito privado, é regime publicístico, *régime administratif,* enquadrado no interior da tradicional organização dos aparelhos, diferenciado pela especialidade das normas, munido dos privilégios e das prerrogativas que garantem a satisfação do interesse geral». Na síntese de ARMIN VON BOGDANDY, «El Derecho Administrativo en el espacio jurídico europeo», pp. 306-307, «a Terceira República elimina o autoritarismo do Segundo Império mas não a compreensão do Direito administrativo como Direito exorbitante [...] Eixo deste Direito exorbitante foi e continua sendo o conceito de *puissance publique",* considerada essencial à prossecução do interesse público pelo *service public.* E o ponto é visível no que diz respeito à construção do contrato administrativo francês, em que – embora sem descurar componentes relacionados com o reconhecimento de direitos ao contraente privado, como o do reequilíbrio financeiro do contrato – o acento tónico é colocado no reconhecimento ao contraente público, no âmbito da relação contratual, de um estatuto de supremacia a que corresponde um estatuto de sujeição na esfera do contraente privado, segundo o modelo de *colabora*ção subordinada a que adiante se fará referência.

sendo submetidos ao contencioso administrativo e, como tal, qualificados como contratos administrativos[8].

Em consequência disso, o Conselho de Estado foi produzindo jurisprudência sobre os contratos submetidos à sua jurisdição, da qual foi resultando a formação de regimes próprios, formados por regras pretorianas, diferenciadas do regime comum – sendo, entretanto, neste plano de notar que a jurisprudência do Conselho de Estado francês sobre os contratos administrativos foi sendo incerta e casuística, não dando o mesmo tratamento aos diferentes espécimes que integravam o universo, que se foi alargando com o tempo, dos contratos que eram submetidos à sua jurisdição[9].

[8] Cfr. Yves Gaudemet, "Pour une nouvelle théorie générale du droit des contrats administratifs: mesurer les difficultés d' une entreprise nécessaire", *Revue du Droit Public et de la Science Politique en France et à l' étranger,* 2010, nº 2, pp. 313 segs.. O ponto é judiciosamente assinalado por Meilán Gil, *La estructura de los contratos públicos,* Madrid, 2008, pp. 76 segs., que, no quadro de uma análise das raízes históricas do contrato administrativo, tanto em França como, paralelamente, em Espanha, assinala "a instrumentalidade do contrato administrativo desde o seu nascimento", e, nesse sentido, que, citando *Gaspar Ariño,* ele "não é uma essência, mas uma existência histórico-jurídica", "não é uma natureza essencial, mas uma categorização ou qualificação jurídica circunstancial", que nasce da opção política de submeter certos tipos de contratos, em razão da sensibilidade política inerente ao respetivo objeto ou ao fim prosseguido, a um contencioso e, por via disso, a regimes substantivos diferenciados, desse modo assumindo que "existem atos de gestão que participam dos caracteres da *puissance publique"* (na mesma linha, citando também *Gaspar Ariño,* cfr. M. J. Estorninho, *Curso de Direito dos Contratos Públicos,* p. 211).

[9] O casuísmo é reconhecido como característico da jurisprudência francesa sobre os contratos administrativos: no dizer de Jean Rivero, "Existe-t-il un critère du Droit Administratif?", *Revue du Droit Public et de la Science Politique en France et à l'étranger,* 1953, citado por Sérvulo Correia, *Legalidade e autonomia contratual no contrato administrativo,* Coimbra, 1987, p. 376, "pretender extrair de uma jurisprudência necessariamente matizada, atenta às circunstâncias particulares, um critério nítido e certo, é procurar nela aquilo que os seus autores certamente não quiseram lá colocar". Também no sentido de que estava inequivocamente consagrada na jurisprudência do Conselho de Estado francês a orientação de que "a intimidade da colaboração do particular com o serviço varia consoante a categoria do contrato; ela é muito maior na hipótese de concessão, que na do simples fornecimento ou prestação de serviços. Daí a conveniência de tomar em consideração a maior ou menor dependência em que o serviço fica por efeito do contrato, pois a salvaguarda dos interesses dos serviços públicos exigirá uma mais estrita obrigação do contratante (particular) nos casos onde se dê essa maior dependência", cfr., entre nós, João de Melo Machado, *Teoria jurídica do contrato administrativo,* Coimbra, 1936, pp. 157-158.

Mas a verdade é que, a partir de determinado momento, a doutrina francesa, no quadro do esforço de construção científica do Direito Administrativo segundo a lógica que foi sumariamente descrita, optou por desvalorizar esse facto, procurando identificar traços unificadores distintivos de um Direito Administrativo dos contratos da Administração[10]. E como, no âmbito da referida jurisprudência, o decurso do tempo conduziu à afirmação, por referência à figura matricial da concessão de serviço público, de um conjunto de princípios dirigidos a dar resposta às particularidades específicas desse tipo de contrato[11], a doutrina fran-

[10] A obra decisiva para o efeito é de GEORGES PÉQUIGNOT, *Théorie générale du contrat administratif*, Paris, 1945. Ainda se vive o *"tempo das catedrais"*, em que se trata de edificar as grandes teorias do *régime administratif*, construído através de um processo de generalização a partir de disciplinas especiais e sectoriais (cfr. GIULIO NAPOLITANO, "I grandi sistemi del Diritto Amministrativo", p. 5). Como explica MEILÁN GIL, *Categorias jurídicas en el Derecho Administrativo,* Madrid, 2011, pp. 29-30, no processo de construção do Direito Administrativo francês, "o esforço de sistematização respondia à necessidade de deduzir da pluralidade de soluções concretas da jurisprudência ou da lei fórmulas que expressassem os aspetos comuns e fundamentais daquelas. É a razão de categorias jurídicas que deem razão unitária da variedade de soluções condicionadas pelo caso concreto a resolver judicialmente. Deste ponto de vista, 'todo o jurista é um fazedor de sistemas', do que se aproveita o aplicador do Direito".

[11] A concessão de serviços públicos é geralmente reconhecida como o "arquétipo do contrato administrativo", que esteve na génese da figura no Direito francês: cfr., entre tantos, CHRISTOPHE GUETTIER, *Droit des Contrats Administratifs,* 3ª ed., Paris, 2011, pp. 25 segs.; SPYRIDON FLOGAÏTIS, *Les Contrats Administratifs*, Londres, 1998, pp. 18-19, 173-175 e pp. 154-155, onde se refere que, para *Laferrière,* só a concessão constituía verdadeiramente, *"pela sua natureza"*, um contrato administrativo, por ostentar os sinais do exercício da *puissance publique.* Na doutrina portuguesa, cfr. PEDRO GONÇALVES, *Direito dos Contratos Públicos,* pp. 430 e 383. Como explicam GONOD/MELLERAY/YOLKA, *Traité de Droit Administratif,* tomo 2, Paris, 2011, p. 243, "como o contrato era geralmente considerado como um instrumento relevando fundamentalmente do direito comum (o que confirmava aliás a assimilação dos contratos da administração a atos de gestão relevando do direito privado e da competência judiciária até 1873), a jurisprudência teve de fazer um certo esforço para justificar a existência de um contrato administrativo distinto do contrato de direito privado. Essa ‹obra admirável de diferenciação' [...] foi portanto construída a partir do mais original dos contratos administrativos, a concessão de serviço público. Os factos demonstram-no. Com efeito, todas as grandes decisões proferidas durante os ‹Trinta Gloriosos› do direito dos contratos administrativos, ou seja entre 1902 e 1932, respeitavam a contratos de concessão de serviço público»». É, pois, sobre essa jurisprudência que, em 1944, *Georges Péquignot* constrói a sua *Théorie générale du contrat administratif* (tese publicada em 1945). Sobre a génese da teoria francesa do contrato administrativo, na transição de *Gaston Jèze* para *Georges Péquignot,* cfr. GEORGES SALON, "Gaston Jéze et la théorie générale des contrats administratifs", in http//univ-droit.fr/docs/recherche/rhfd/pdf/012-1991/12-1991-p071-086.pdf, e a réplica de GASTON JÈZE, "Le régime

cesa veio proclamar, com base nesses princípios, a existência de um regime pretensamente unitário de Direito Administrativo, aplicável a uma figura pretensamente unitária de contrato, o *contrato administrativo*, que, à imagem da concessão, seria genericamente caracterizado pelo facto de dar origem a relações no âmbito das quais era reconhecido ao contraente público um *estatuto de supremacia (puissance publique)* sobre o seu cocontratante: nascia, desse modo a *teoria do contrato administrativo* francês como uma realidade pretensamente unitária, regida por um corpo pretensamente homogéneo de princípios.

4. Após décadas de império desta teoria, ela tem vindo a ser questionada na mais recente doutrina francesa[12]. Nas palavras de *Christophe Guettier*, a doutrina francesa construiu, na verdade, a pretensa *teoria geral do contrato administrativo* "generalizando ao conjunto dos contratos administrativos as soluções que tinham sido desenvolvidas até aí para 'o mais administrativo dos contratos administrativos', a saber a concessão de serviço público". Desse modo, «a doutrina clássica intitulou 'teoria geral do contrato administrativo' uma pura e simples transposição das regras que se impõem num contrato muito particular, porque é um contrato de serviço público, a concessão"[13]. Resultou daí que "a árvore escondeu a floresta", dado que "com essa teoria geral o traço foi forçado porque existiam, de facto, na aplicação das regras desenvolvidas diferenças consoante a natureza dos contratos administrativos" – tanto

juridique du contrat administratif", *Revue du Droit Public et de la Science Politique en France et à l' étranger,* 1945, à tese de *Péquignot.* Na doutrina portuguesa, cfr. as indicações de Lourenço Vilhena de Freitas, *Direito dos contratos públicos e administrativos,* Lisboa, 2014, pp. 394-395, 431-432 e 595.

[12] Sobre o questionamento, na moderna doutrina francesa, da figura do contrato administrativo, cfr. Laurent Richer/FranÇois Lichère, *Droit des Contrats Administratifs,* 10ª ed., Paris, 2016, pp. 44-45. Cfr., entretanto, os interessantes textos de Roland Drago, "Paradoxes sur les contrats administratifs", in Études offertes à Jacques Flour, Paris, 1979, pp. 15 segs., e «Le contrat administratif aujourd› hui», *Droits,* 1990, pp. 117 segs.. Na doutrina portuguesa, cfr. M. J. Estorninho, *Curso de Direito dos Contratos Públicos,* pp. 236-237, com indicação de referências.

[13] Fazendo, nesta perspetiva, notar que, historicamente, "a concessão não nasceu contrato", cfr. Yves Gaudemet, "Pour une nouvelle théorie générale du droit des contrats administratifs", pp. 313 segs., e, ainda em 1928, a posição entre nós assumida por João Tello de Magalhães Collaço, *Concessões de serviços públicos,* Coimbra, 1928, pp. 87 segs., sobre a natureza jurídica da concessão de serviços públicos.

mais que, "se a concessão de serviço público era o mais administrativo dos contratos administrativos, ela não era talvez o mais contratual desses contratos", por pertencer "a uma categoria toda particular", pelo que "podia configurar-se como bastante perigoso querer generalizar as soluções desenvolvidas" a seu respeito[14].

A nosso ver, as críticas que, em tempos mais recentes, têm vindo a ser dirigidas à pretensa *teoria do contrato administrativo* são o resultado de uma evolução recentemente registada em França, neste domínio, no sentido de um grande alargamento do âmbito da figura do contrato administrativo, resultante da qualificação de tipos de contratos como administrativos por determinação legal[15].

[14] Cfr. Christophe Guettier, *Droit des Contrats Administratifs*, pp. 27-28. No mesmo sentido, escreve Spyridon Flogaïtis, *Les Contrats Administratifs*, pp. 18-19, que "o contrato administrativo, tal como ele foi configurado pelo direito administrativo francês, não constitui de modo nenhum uma categoria inteiramente unitária: pelo contrário, há que colocar à parte, distinguir no seu seio um caso muito específico e propriamente francês, o contrato de concessão de um serviço público, ao qual são aplicadas regras muito particulares." Na verdade, a doutrina "pensou poder utilizar a jurisprudência e as conclusões que dela resultavam, aplicando-as indistintamente às diferentes categorias de contratos administrativos", quando é fácil verificar, "se se quiser bem ler a jurisprudência sem *parti pris* doutrinal, que o que vale para o contrato de concessão de serviço público não vale automaticamente e necessariamente para os outros contratos administrativos. O contrato de serviço público tem uma característica própria, que consiste em que é o único entre os contratos administrativos que constitui um modo de organização e de funcionamento do serviço público". Por este motivo, o Autor estrutura a análise comparada a que procede, com grande profundidade, da figura do contrato administrativo separando o estudo da concessão de serviço público do estudo dos outros contratos que em França são qualificados como administrativos, para concluir que a construção francesa do contrato administrativo é uma criação singular, devida a dados históricos particulares, que não deve ser imitada (cfr. o prefácio de Jacques Moreau, a p. 13).

[15] Embora não se esgote nesse plano, o alargamento do âmbito do contrato administrativo em França resultou sobretudo da chamada Lei MURCEF, de 2001, que qualificou como administrativos os contratos submetidos ao Código de Compras Públicas, sendo que o mais recente Código francês de Compras Públicas mantém a qualificação: cfr., por todos, Gonod/Melleray/Yolka, *Traité de Droit Administratif*, pp. 223-225. Cumpre, no entanto, notar que nem todos os contratos de compras públicas estão, em França, abrangidos pelo âmbito de aplicação do Código de Compras Públicas, pois não o estão as entidades adjudicantes com o estatuto de pessoa coletiva de direito privado: cfr., a propósito, Richer//Lichère, *Droit des Contrats Administratifs*, pp. 110-111, já por referência ao regime de transposição das Diretivas de 2014, que entrou em vigor em França em 1 de abril de 2016.

Com efeito, esta evolução, pondo em causa a coerência dos pressupostos em que assentou a construção da figura do contrato administrativo, conduziu à sua descaracterização[16] e levou a que, na doutrina, se olhasse para o universo cada vez mais amplo e heterogéneo de realidades que, sem que nenhuma razão evidente o justifique, são reconduzidos à figura do contrato administrativo e se perguntasse se é possível e razoável a todos pretender submeter a um regime configurado de modo unitário[17]. Por este motivo, é assumida por alguma doutrina francesa a necessidade da construção de uma *teoria dos contratos administrativos especiais*[18], no que a mais não pode conduzir do que a um *regresso ao pas-*

[16] Para a apreciação crítica da "hipertrofia" de que, por via legislativa, o contrato administrativo foi objeto no Direito francês, que o estendeu a contratos desde sempre regidos pelo Direito privado, cfr. Frank Moderne, "Faut-il vraiment 'administrativiser' l' ensemble des marchés publics?", *L' Actualité Juridique Droit Administratif* 2001, pp. 707-708; Gonod/Melleray/Yolka, *Traité de Droit Administratif*, pp. 225-226; Yves Gaudemet, "Pour une nouvelle théorie générale du droit des contrats administratifs", pp. 319-321, para quem o artificial alargamento da figura fez com que "menos do que nunca se disponha de uma noção homgénea do contrato administrativo própria para a construção de um teoria", uma vez que "o regime geral do contrato administrativo está posto em causa porque efetivamente ele não se justifica para toda uma série de contratos tornados administrativos pela lei».

[17] É, como vimos, a posição de Christophe Guettier, *Droit des Contrats Administratifs*, pp. 25 segs., para quem, mais do que de uma teoria *do contrato administrativo,* cabe elaborar uma teoria *dos contratos administrativos,* atenta a existência, desde o início assinalada por *Gaston Jèze,* de evidentes diferenças entre os contratos administrativos (p. 27), pois que "a noção de contrato administrativo cobre toda uma série de contratos de objectos e regimes jurídicos a que falta de modo singular a homogeneidade" (p. 31). Faça-se, em todo o caso, notar que *André de Laubadère* admitia que os poderes unilaterais do contraente público não deviam ter o mesmo alcance no âmbito de todos os tipos de relações contratuais administrativas, separando, para o efeito, a concessão dos demais contratos (cfr. André de Laubadère, "Du pouvoir de l' administration d' imposer unilateralement des changements aux dispositions des contrats administratifs", *Revue du Droit Public et de la Science Politique en France et à l' étranger,* 1954, pp. 36 segs.) e relativizava, em particular, a aplicabilidade do regime substantivo do contrato administrativo a contratos administrativos por determinação da lei que não preenchessem os critérios jurisprudenciais de qualificação (a propósito dos contratos de venda de imóveis do domínio privado do Estado, cfr. as pertinentes considerações e referências em Spyridon Flogaïtis, *Les contrats administratifs,* pp. 144-145 e 149-150).

[18] Cfr., em particular, a exposição de Gonod/Melleray/Yolka, *Traité de Droit Administratif*, pp. 264 segs., onde se reconhece, logo na p. 264, que "o direito do contrato administrativo começou por ser um direito dos contratos administrativos especiais, como o demonstram os trabalhos da doutrina que, antes de Jèze, se limitavam a estudos particulares das diferentes espécies de contrato administrativo e certamente não ao estudo do contrato administrativo": foi a emergência da teoria geral do contrato administrativo que fez com que o fenóme-

sado, ao momento anterior ao da construção da pretensa teoria unitária do contrato administrativo, em que era reconhecido que os contratos administrativos não são todos iguais, não são administrativizados todos pela mesma razão e não devem ser, por isso, submetidos a um regime unitário[19].

Como adiante se verá, este é um ponto que, a nosso ver, merece reflexão, pelo relevo de que se reveste para a análise da evolução por que passou o ordenamento jurídico português, em razão da influência que, sobretudo a partir de determinado momento, nele veio a fazer sentir-

no de especialização do direito dos contratos administrativos passasse para segundo plano. Os Autores procuram conciliar a construção de uma teoria dos contratos administrativos especiais, assente no reconhecimento de que é possível verificar "a existência de regras comuns a várias espécies de contratos administrativos, mas não a todos os contratos administrativos especiais" (p. 269), com a preservação da teoria geral do contrato administrativo. Mas são os primeiros a reconhecer que a utilidade prática desta última será limitada, ultrapassada que seja por "um direito dos contratos administrativos especiais mais adaptado à realidade contratual" (p. 273). Com efeito, são os Autores que reconhecem, na p. 266, que "a criação de múltiplas categorias de contratos administrativos especiais e a sua submissão a regimes diferenciados é uma necessidade [...] Mesmo se os contratos administrativos têm a sua administratividade em comum, eles distinguem-se necessariamente do ponto de vista da sua prestação característica, do seu objeto, e essa distinção impõe logicamente a determinação de um regime diferenciado [...] Por administrativos que eles sejam, esses contratos respondem a imperativos diferentes, a lógicas próprias e é, por isso, não apenas natural, mas igualmente indispensável submetê-los a regras distintas"

[19] Como faz notar Yves Gaudemet, "Pour une nouvelle théorie générale du droit des contrats administratifs", pp. 313 segs., "o direito do contrato administrativo – como outros capítulos do nosso direito público, aliás – é, de um modo geral, mais um produto da história do que de uma elaboração teórica: diferentemente do direito privado dos contratos, elevado em sistema pelas codificações do Baixo Império, depois e sobretudo pelas codificações napoleónicas [...] o direito dos contratos administrativos é rebelde à teoria". É por isso que "a elaboração teórica, tratando-se do direito dos contratos administrativos, não é de tradição: ela não é de todo assumida antes da tese de Georges Péquignot (1945) de que todos sabem o título: *"A teoria geral do contrato administrativo"*. Gaston Jèze, nos seus cursos e publicações de 1927 a 1934, tinha-se limitado a uma análise de cada um dos principais contratos, dedicando-se a extrair alguns grandes princípios e regras comuns, mas repugnava-lhe a apresentação teórica: Gorges Péquignot recorda-o no início da sua própria tese". E, com o passar do tempo, a situação só se agravou, mercê do enorme alargamento de que a figura do contrato administrativo foi sendo objeto, que, tornando-a cada vez mais heterogénea, fez com que ela "explodisse" e hoje "não apresente mais do que um elemento comum, a competência contenciosa do juiz administrativo para dela conhecer". É por isso que o Autor conclui, de modo irónico, que "a inencontrável *(introuvable)* unidade dos contratos administrativos" não é "bom augúrio para os fazedores de sistema hoje em busca de uma teoria" (pp. 314-315 e 322).

-se da doutrina francesa, com evidente repercussão no regime vigente do CCP.

1.2. O contrato público de matriz alemã

5. No contexto da presente exposição, reveste-se, a nosso ver, de interesse para a adequada compreensão do panorama do Direito europeu comparado dos contratos públicos e, como já se foi antecipando e adiante se verá, dos termos em que determinadas questões hoje se colocam à face do ordenamento jurídico português sobre a matéria, perceber as diferenças que separam a evolução dos ordenamentos jurídico francês e alemão em matéria de contratos públicos[20].

Com efeito, durante o período histórico em que foi autonomizada na França a figura do contrato administrativo, o Direito alemão não procedeu à tendencial *administrativização* dos contratos de direito privado da Administração, que continuou a qualificar – a exemplo, aliás, do que sucedeu na generalidade dos países europeus – como contratos de direito privado e a submeter, no essencial, a regras de direito privado[21].

O Direito alemão persistiu, aliás, durante muito tempo, numa posição adversa à possibilidade da existência de contratos submetidos a regimes de Direito Administrativo – posição coerente com um entendimento do Direito Administrativo que o perspectivava como um Direito das relações de supremacia, e não de relações de paridade, da Administração com os particulares, no quadro do qual se entendia que o instrumentário jurídico próprio de atuação da Administração se esgotava nos atos unilaterais de autoridade, pelo que era esse o objeto do Direito Administrativo[22].

[20] Sobre o tema, na doutrina portuguesa, cfr., por todos, M.J. Estorninho, *Curso de Direito dos Contratos Públicos*, pp. 184 segs.; Jorge Alves Correia, *Contrato e Poder Administrativo*, Coimbra, 2017, pp. 341 segs..

[21] Cfr. Rainer Regler, *Das Vergaberecht zwischen öffentlichem und privatem Recht*, Berlim, 2007, pp. 26 segs.; Ulrich Stelkens, *Verwaltungsprivatrecht*, Berlim, 2005, pp. 86 segs. e 683 segs.; Michel Fromont, *Droit administratif des États européens*, pp. 314 e 316.

[22] Nesta perspectiva, cfr. Otto Mayer, "Zur Lehre vom offentlichrechtlichen Vertrage", *Archiv des Offentlichen Rechts*, 1888, p. 42; Martin Bullinger, *Vertrag und Verwaltungsakt*, Estugarda, 1962, pp. 256 segs.

Com o tempo, também veio a ser, é certo, admitida, no Direito alemão, a existência de contratos regulados pelo Direito Administrativo. Mas só depois da Segunda Guerra Mundial. Com efeito, a Alemanha não viveu o período de florescimento das concessões que marcou a evolução do Direito francês na transição do século XIX para o século XX e que, como vimos, deu o impulso para a construção, naquele país, da teoria do contrato administrativo. Nesse período, os contratos da Administração com os particulares, na Alemanha, eram, portanto, contratos meramente instrumentais[23]. E, mesmo mais tarde, contratos regulados pelo Direito Administrativo, só o vieram a ser os contratos celebrados entre entidades públicas, muito frequentes no sistema alemão federal de governo instituído no pós-guerra, e os contratos celebrados entre a Administração e particulares, quando tivessem por objeto o exercício de poderes de autoridade do contraente público – fosse por se tratar de contratos substitutivos de atos administrativos, dirigidos a determinar a produção de efeitos jurídicos que um ato administrativo poderia produzir, ou por se tratar de contratos pelos quais uma autoridade administrativa, em função de determinados pressupostos, se compromete para com um particular quanto aos termos em que, no futuro, irá exercer uma sua competência.

A estas categorias de contratos regulados pelo Direito Administrativo, vieram, entretanto, a acrescentar-se, mais recentemente, no contexto da proliferação universal das parcerias público-privadas, os *contratos de cooperação (Kooperationsvertrag)*, que têm por objeto fazer participar privados no desempenho de tarefas públicas – contratos que chegaram a motivar a elaboração, em 2004, de uma proposta de alteração aos §§ 54 e 56 da lei de procedimento administrativo alemã (a *Verwaltungsverfahrensgesetz)*, dirigida a consagrá-los com âmbito geral, mas que não chegou a ser concretizada em lei[24]. Em qualquer dos casos, trata-se de

[23] Cfr. ANDREAS ABEGG, "The evolution of the contracting State and his Courts", pp. 626 segs..

[24] Sobre os contratos de cooperação, cfr., por todos, JAN ZIEKOW/ALEXANDER WINDOFFER, *Public-Private Partnership – Struktur und Erfolgsbedingungen von Kooperationsarenen*, Baden-Baden, 2008, pp. 38 segs.; JAN ZIEKOW, "Verankerung verwaltungsverfahrensrechtlicher Kooperationsverhältinisse", in JAN ZIEKOW (ed.), *Public-Private Partnership – Projecte, Probleme, Perspektiven*, Speyer, 2003, pp. 28 segs.; CHRISTIAN AUTEXIER, "L' introduction des contrats de partenariat en droit allemand", *Revue Française de Droit Administratif* 2006, pp. 234 segs.

contratos que têm por objeto produzir efeitos de Direito Administrativo, no exercício de poderes conferidos por normas de Direito Administrativo: como adiante se verá, *contratos administrativos por natureza,* em razão da natureza pública do seu objeto[25].

Ao contrário do que sucedeu em França, não teve, pois, lugar, na Alemanha, a *administrativização* generalizada dos contratos que a Administração celebra com os particulares. Não é proclamada na Alemanha – como não o é nos outros países europeus, para além da França, da Espanha e de Portugal – a existência de um regime geral uniforme pretensamente aplicável a toda uma ampla categoria de contratos qualificados como contratos administrativos e assente na submissão da generalidade desses contratos a um regime geral de autoridade nas relações que se estabelecem entre as partes. E, por outro lado, grande parte dos contratos que, naqueles três países – e hoje, em particular, pela sua maior extensão, na França e em Portugal –, são qualificados como contratos administrativos são considerados, na Alemanha, contratos privados, que, como tal, são essencialmente submetidos ao correspondente regime de direito privado.

2. Evolução do ordenamento jurídico português

2.1. Das origens ao regime do Estado Novo, de tipicidade dos contratos administrativos e recepção mitigada do modelo francês

6. Tal como nos demais ordenamentos jurídicos, também em Portugal se começa, naturalmente, por imputar natureza de direito privado a todos os contratos da Administração. Mas, num segundo momento, acompanhando a evolução ocorrida em França, vem, entretanto, a reconhecer-se a necessidade de submeter aos tribunais administrativos e a um regime próprio de Direito Administrativo certos contratos que, pelas suas características, se entende que exigem essa solução, para que,

[25] Em geral, na doutrina portuguesa, sobre a expansão do contrato sobre poderes públicos no Direito Alemão, cfr., por último, Jorge Alves Correia, *Contrato e Poder Administrativo,* pp. 363 segs..

desse modo, seja adequadamente promovida ou salvaguardada a prossecução do interesse público a que esses contratos são pré-ordenados[26].

Durante o período do Estado Novo, prevalece, no entanto, no ordenamento jurídico português, o entendimento de que os contratos só são administrativos nos casos taxativamente previstos no Código Administrativo de 1936-1940. Pese embora a crescente resistência doutrinal em sentido contrário[27], durante o longo período de vigência deste Código, vigora, assim, em Portugal, um regime de *tipicidade* dos contratos administrativos, que não permite a recondução a essa categoria de outros contratos, para além daqueles que se encontram previstos na lei[28].

Ora, o elenco dos contratos administrativos previstos no Código Administrativo obedece a um padrão assente num critério que *Marcello Caetano* explicou por referência ao conceito de *colaboração subordinada*[29]. Com efeito, de acordo com o entendimento de que a aplicação dos princípios da teoria francesa do contrato administrativo só seria necessária em relação a um conjunto de contratos que, entre si, tinham em comum – a partir do modelo paradigmático da concessão – o facto de implicarem a associação duradoura do cocontratante à prossecução dos fins do

[26] Sobre a evolução histórica verificada no direito português nesta matéria, cfr. Diogo Freitas do Amaral, *Curso de Direito Administrativo,* vol. II, 1ª ed, Coimbra, 2011, pp. 509 segs.; M. J. Estorninho, *Curso de Direito dos Contratos Públicos,* pp. 22 segs.; Vilhena de Freitas, *Direito dos Contratos Públicos e Administrativos,* pp. 54 segs.; Armando Marques Guedes, "O contrato administrativo", in *Estudos de Direito Administrativo,* Lisboa, 1963, pp. 76 segs.; Sérvulo Correia, "Contrato administrativo" (separata do *Dicionário Jurídico da Administração Pública*), Coimbra, 1972, pp. 16 segs.; e, por último, Jorge Alves Correia, *Contrato e Poder Administrativo,* pp. 318 segs..

[27] Na oposição doutrinal à solução, durante a vigência do Código Administrativo de 1936/1940, avultaram as posições de Diogo Freitas do Amaral, *A utilização do domínio público pelos particulares,* Lisboa, 1965, pp. 187 segs., e Sérvulo Correia, "Contrato administrativo", pp. 54 segs.

[28] Cfr. Marcello Caetano, *Manual de Direito Administrativo,* vol. I, 10ª ed., Coimbra, 1984 (reimpressão), pp. 580-583.

[29] Cfr. Marcello Caetano, *Manual de Direito Administrativo,* vol. I, pp. 579 segs. Sobre os contratos de colaboração subordinada, cfr., entretanto, Sérvulo Correia, *Legalidade e autonomia contratual no contrato administrativo,* pp. 418-420; Diogo Freitas do Amaral, *Curso de Direito Administrativo,* vol. II, 3ª ed., Coimbra, 2016, pp. 456 e 458 (embora as referências em nota se refiram a contratos sobre o exercício de poderes públicos); M. J. Estorninho, *Curso de Direito dos Contratos Públicos,* pp. 30-31; Pedro Gonçalves, *O contrato administrativo – Uma instituição do Direito Administrativo do nosso tempo,* Coimbra, 2003, pp. 64-65.

contraente público[30], circunscrevia-se a categoria do contrato administrativo aos contratos mediante os quais o contraente privado estabelecia uma relação duradoura com a entidade pública contratante, no contexto da qual ele se comprometia a executar de modo regular prestações dirigidas à imediata satisfação de necessidades públicas, assumindo, por esse motivo, um *estatuto de sujeição* ou *subordinação* às exigências de interesse público a cuja satisfação o contrato era diretamente ordenado e, por isso, aos atos de autoridade do contraente público que lhes dessem expressão[31]. Os demais contratos, que não envolviam a constituição de

[30] Nas cristalinas palavras de MARCELLO CAETANO, "Conceito de contrato administrativo", *O Direito*, Ano 70º, republicado in MARCELLO CAETANO, *Estudos de Direito Administrativo*, Lisboa, 1974, p. 48, "o contrato administrativo só aparece quando um particular é associado com permanência à Administração na realização de um fim de interesse público, pois só nesse caso há necessidade de defender a atualização dos serviços, contra a tendência imobilizadora do interesse privado». Note-se que o elemento da associação do cocontratante privado à gestão do serviço público, fundado no caráter duradouro da relação estabelecida, é considerado nas célebres conclusões de *Léon Blum* no processo que esteve na origem, em França, do critério das cláusulas exorbitantes (cfr., a propósito, MELO MACHADO, *Teoria jurídica do contrato administrativo*, pp. 135-138), em termos que, entre nós, parecem ter estado subjacentes à submissão do contrato de *fornecimento contínuo* à jurisdição administrativa e sua qualificação como contrato administrativo (cfr. ainda MELO MACHADO, *Teoria jurídica do contrato administrativo*, pp. IV e VIII do apêndice, onde reconhece que as "características exorbitantes do direito privado [...] surgem em regra nos contratos a longo prazo, pois, quanto aos de compra no mercado, não se verificam geralmente circunstâncias que imponham à administração o uso dos seus poderes especiais, o que a leva a renunciar ao regime contratual de direito público").

[31] Para a caracterização do estatuto de sujeição ou subordinação do contraente privado no âmbito das relações emergentes dos contratos administrativos de colaboração subordinada e respetivo enquadramento no contexto mais vasto que, durante o período do Estado Novo, decorria da conceção (autoritária) à época prevalecente do Direito Administrativo, cfr., por todos, SÉRVULO CORREIA, *Legalidade e autonomia contratual no contrato administrativo*, pp. 363 segs. e 731, onde, nesse sentido, o Autor recorda que é da associação duradoura à prossecução do interesse público a cargo da Administração que, nesse tipo de contratos, se entende resultar para o co-contratante uma *cláusula de sujeição*, mediante a qual ele "se compromete a acatar, como se fora a própria Administração, as leis, regulamentos e atos administrativos que durante a execução do contrato exprimam as exigências do interesse público servido quanto ao objecto nele estipulado". Cfr. também, por exemplo, VIEIRA DE ANDRADE, «Princípio da legalidade e autonomia da vontade na contratação pública», in *La contratación pública en el horizonte de la integración europea – V Congreso Luso-Hispano de profesores de Derecho Administrativo*, Madrid, 2004, pp. 69 e 70.

uma relação regular e contínua de colaboração subordinada do particular, eram subsumidos ao regime-regra, que era o direito privado[32].

Em nossa opinião, pode dizer-se que, durante o período do Estado Novo, ocorre em Portugal, no domínio em análise, uma recepção mitigada do modelo francês.

Com efeito, ao contrário do que sucede na França, o entendimento dominante durante o Estado Novo é, como vimos, o de que o contrato administrativo corresponde a um conjunto limitado de tipos contratuais legalmente previstos, o que traduz a assunção de uma postura restritiva em relação à admissibilidade/necessidade da submissão dos contratos da Administração aos tribunais administrativos e ao Direito Administrativo. E, por outro lado, são matizados, na determinação concreta dos regimes aplicáveis às relações jurídicas entre as partes nos contratos administrativos – designadamente no âmbito do contrato de empreitada de obras públicas, em que não se admite que o dono da obra possa praticar atos administrativos –, muitos aspetos que, sem esses matizes, teoricamente decorreriam da aplicação dos princípios do contrato administrativo de importação francesa, tal como, mais tarde, o Direito português os viria a consagrar[33].

[32] No sentido de que "as exigências especiais do *giro ou tráfico* administrativo, justamente pelo sentido dinâmico deste conceito, se manifestam normalmente só nos contratos de trato sucessivo ou cumprimento prolongado", pelo que, "em geral, os contratos de trato instantâneo (vendas, transações, permutas) não apresentam nunca, por isso, caráter administrativo, segundo precisou a jurisprudência analiticamente, cfr. Eduardo García de Enterría, "La figura del contrato administrativo", *Revista de Administración Pública* nº 41, p. 119. Note-se que, ainda hoje, Marcelo Rebelo de Sousa/André Salgado de Matos, *Direito Administrativo Geral*, tomo III, 2ª ed., Lisboa, 2009, associam a qualificação como de direito privado a contratos "inexequíveis ou de execução instantânea" (pp. 303-304) e, por outro lado, definem contratos de colaboração como "contratos administrativos de execução continuada», que «visam associar uma das partes ao desempenho regular de atribuições administrativas pertencentes à outra parte» (pp. 311 e 315).

[33] Como reconhece Sérvulo Correia, *Legalidade e autonomia contratual no contrato administrativo*, p. 367, durante o período do Estado Novo, "a regra geral era a ausência de poderes para a prática de atos administrativos para estatuição autoritária de aspetos da interpretação, validade e execução do contrato, só se permitindo a emissão de tais atos (mas nunca sobre interpretação) quando norma ou cláusula contratual expressas para tanto atribuíssem competência. A orientação maioritariamente perfilhada pela nossa jurisprudência é a de que a Administração não possui competência genérica para definir unilateralmente as situações emergentes dos contratos administrativos". Por outro lado, como já fizemos notar noutra sede (cfr. Mário Aroso de Almeida, "Contratos administrativos e poderes de conformação

2.2. Consagração no regime democrático do princípio da autonomia contratual pública e abertura ao modelo alemão; alargamento da figura do contrato administrativo

7. Pode dizer-se que a evolução a que, ao longo do século XX, se assistiu, um pouco por todo o continente europeu, no sentido do reconhecimento da admissibilidade do contrato como fonte de relações jurídico-administrativas resultou da superação dos dois pressupostos essenciais em que assentava a tese que recusava a possibilidade da existência de contratos de Direito Administrativo: o pressuposto de que, por definição, a figura do contrato seria ontologicamente incompatível com o Direito Administrativo; e o pressuposto de que o contrato, por definição, é um instrumento de autonomia privada, ao qual é inerente a titularidade pelas partes de poderes de modelação contratual decorrentes de uma ampla esfera de autodeterminação, pelo que seria incompatível com um contexto como o do Direito Administrativo, que se caracteriza pela existência de um quadro normativo de atuação heteronomamente determinado pelo legislador.

Nessa perspetiva podem ser, na verdade, interpretadas as duas grandes linhas de evolução que, como vimos, neste domínio se desenharam no panorama jurídico-administrativo europeu, que, a nosso ver, obedecendo embora a lógicas diferenciadas, se orientaram num sentido em grande medida convergente, na medida em que contribuiram, cada uma à sua maneira, para a superação das reservas oponíveis à admissibilidade

do contraente público no novo Código dos Contratos Públicos", *Cadernos de Justiça Administrativa* nº 66, p. 11), se se analisar com atenção o discurso do próprio Marcello Caetano, *Manual de Direito Administrativo,* vol. I, verificar-se-á que o pensamento do ilustre Autor sobre a matéria era bem mais matizado do que, à partida, poderia parecer, na medida em que ele parecia deduzir o poder de modificação unilateral da previsão expressa nos diferentes textos normativos que regulavam cada um dos contratos administrativos típicos, em função das exigências próprias a cada um deles (pp. 618-619), só parecia admitir a existência de um poder de direcção do contraente público nos contratos de trabalho e nos que tivessem por objecto a realização de obras públicas, porque só nesses contratos a lei o previa (p. 617), e no que dizia respeito ao poder do contraente público de rescindir (ou resolver) o contrato por conveniência administrativa, só parecia admiti-lo com base em estipulação contratual expressa, à míngua do necessário fundamento legal (pp. 637-638). A tudo isto acresce que, no âmbito da empreitada de obras públicas, o ilustre Autor não admitia como possível a prática de quaisquer actos definitivos e executórios relativos à execução do contrato, por entender que a lei afastava tal possibilidade (*Manual de Direito Administrativo,* vol. II, p. 1273).

da utilização do contrato como instrumento de Direito Administrativo e, portanto, ao reconhecimento do contrato como componente de pleno direito dos instrumentários jurídicos que a Administração pode utilizar no âmbito da sua atividade de gestão pública. Podendo, hoje, dizer-se que, nos diferentes ordenamentos jurídicos europeus, é reconhecida às entidades que compõem a Administração a titularidade de uma ampla capacidade de celebrar contratos no âmbito do Direito Administrativo.

É disso expressão o presente estádio da evolução do ordenamento jurídico português sobre a matéria.

Com efeito, com a transição para o regime democrático, tornou-se insustentável a manutenção do regime de tipicidade assente no modelo da colaboração subordinada dos particulares com a Administração que tinha vigorado durante o Estado Novo. O referido regime veio, assim, a ser abandonado, com a publicação do primeiro Estatuto dos Tribunais Administrativos e Fiscais, de 1984, cujo artigo 9º, ao definir contrato administrativo como «o acordo de vontades pelo qual é constituída, modificada ou extinta uma relação jurídica de direito administrativo», veio possibilitar a qualificação como tal de contratos atípicos e inominados. E, na sequência disso, o Código do Procedimento Administrativo (CPA) de 1991 retomou, no artigo 178º, este conceito aberto de contrato administrativo e consagrou, no artigo 179º, a regra segundo a qual, "na prossecução das suas atribuições ou dos seus fins, os contraentes públicos podem celebrar quaisquer contratos administrativos, salvo se outra coisa resultar da lei ou da natureza das relações a estabelecer».

Da previsão genérica introduzida pelo artigo 179º do CPA de 1991 resultou que, na senda da tradição francesa, também no nosso ordenamento jurídico se passou a reconhecer à Administração a possibilidade de optar entre a celebração de contratos de direito privado e de contratos administrativos (com objeto passível de contrato de direito privado). Esta solução implicou, pois, que também entre nós se passasse a colocar com alcance geral a questão, vivamente debatida no Direito francês, de saber quando é que, na celebração de um contrato passível de ser qualificado como de direito privado, se deve entender que a Administração pretendeu celebrar um contrato de direito privado, ou, pelo contrário, pretendeu celebrar um contrato administrativo – questão que, na vigência do regime de tipicidade do Código Administrativo de 1936-1940, só se colocava para o efeito de determinar quando é que um contrato de prestação de serviços devia ser qualificado como administrativo, por ter sido celebrado para fins de imediata utilidade pública.

Por outro lado, também foi associada à consagração no artigo 179º do CPA de 1991 da previsão genérica da possibilidade da celebração de contratos administrativos atípicos e inominados a introdução no nosso ordenamento jurídico da categoria dos *contratos sobre o exercício de poderes públicos*, de importação alemã, que veio permitir genericamente à Administração optar por substituir a prática de atos administrativos pela celebração de contratos e comprometer-se contratualmente perante privados quantos aos termos em que, no futuro, procederá ao exercício dos seus poderes.

Este foi um adquirido que, em cada uma das dimensões identificadas, o CCP veio, em 2008, a assumir e consolidar, reconhecendo, assim, à Administração um espaço que tem sido qualificado como de *autonomia contratual pública*, hoje unificado pela previsão genérica do artigo 278º do CCP, de teor correspondente ao do anterior artigo 179º do CPA[34].

8. No que diz respeito à figura do contrato administrativo, o CCP consagra um conjunto de *critérios de administratividade*, da aplicação dos quais depende a qualificação dos contratos como administrativos. Como

[34] Em geral sobre o regime do artigo 179º do CPA e do subsequente artigo 278º do CCP, cfr., por todos, Freitas do Amaral, *Curso de Direito Administrativo*, vol. II, p. 453; Rebelo de Sousa/Salgado de Matos, *Direito Administrativo Geral*, tomo III, pp. 285 e 304; M. J. Estorninho, *Curso de Direito dos Contratos Públicos*, pp. 378 segs.; Paulo Otero, *Legalidade e Administração Pública – O sentido da vinculação administrativa à juridicidade*, Coimbra, 2003, p. 836; Alexandra Leitão, *Lições de contratos públicos*, Lisboa, 2014, p. 208; Pedro Gonçalves, *Direito dos Contratos Públicos*, p. 460; Mário Esteves de Oliveira/Pedro Gonçalves/ /Pacheco de Amorim, *Código do Procedimento Administrativo comentado*, 2ª ed., Coimbra, 1998, pp. 817-818; Bernardo Diniz de Ayala, "Considérations sur l' interchengeabilité entre acte administratif et contrat administratif dans le droit portugais", *Revue Européenne de Droit Public*, vol. 10, nº 2 (1998), pp. 423 segs., e "The importance of negotiated solutions in Administrative Law", in Eibe Riedel (ed.), *Die Bedeutung von Verhandlungslösungen im Verwaltungsverfahren*, Baden-Baden, 2002, pp. 135 segs.; Filipa Urbano Calvão, "Contratos sobre o exercício de poderes públicos", in *Estudos de Contratação Pública*, vol. I, Coimbra, 2008, pp. 330-331 e 348-349. Embora anterior ao próprio CPA, é, entretanto, muito relevante, na doutrina portuguesa sobre o tema, Sérvulo Correia, *Legalidade e autonomia contratual no contrato administrativo*, pp. 562 segs.. Para a caracterização geral do "princípio da autonomia pública contratual" no nosso ordenamento jurídico, cfr., por último, Jorge Alves Correia, *Contrato e Poder Administrativo*, pp. 476 segs..

adiante melhor se verá, manteve, assim, a tradicional dicotomia *contratos administrativos/contratos de direito privado da Administração,* que, entretanto, veio a ser confirmada pela introdução no CPA, em 2015, da sua previsão no novo artigo 200º. Mas, alargando de modo muito significativo o âmbito dos contratos administrativos, de modo a neles abranger todos os contratos das Diretivas da União Europeia em matéria de contratação pública – e, portanto, não só os contratos de obras públicas e de concessão, mas também todos os contratos de locação e aquisição de bens móveis e de aquisição de serviços celebrados por contraentes públicos, que anteriormente eram, por regra, contratos de direito privado –, o CCP absorveu na figura do contrato administrativo o essencial dos contratos que não eram, até aí, contratos administrativos, remetendo, desse modo, os contratos de direito privado da Administração para um papel residual[35].

Cumpre, em todo o caso, notar que todos os contratos celebrados pela Administração estão, de um modo ou de outro, e em maior ou menor medida, submetidos a regimes de Direito Administrativo[36]. Esse é um traço comum tanto aos contratos administrativos como aos contratos de direito privado da Administração: todos eles estão submetidos, embora em proporções variáveis, a normas de Direito Administrativo[37]. Subjacente à diferenciação entre contratos administrativos e contra-

[35] Sobre o alargamento do âmbito do contrato administrativo resultante do CCP e o alcance residual do contrato de direito privado da Administração que dele decorre, cfr., por todos, Freitas do Amaral, *Curso de Direito Administrativo,* vol. II, pp. 441 e 454; Rebelo de Sousa/ /Salgado de Matos, *Direito Administrativo Geral,* tomo III, pp. 279-280 e 303; Alexandra Leitão, *Lições de Direito dos Contratos Públicos,* p. 23; Miguel Assis Raimundo, *A formação dos contratos públicos – Uma concorrência ajustada ao interesse público,* Lisboa, 2013, pp. 146-147.

[36] Cfr., por todos, M. J. Estorninho, *Curso de Direito dos Contratos Públicos,* pp. 54-55, *Contratos da Administra*ção Pública (Esboço de autonomização curricular), Coimbra, 1999, p. 21, e *Requiem pelo contrato administrativo,* pp. 168-169 (e 151 segs., em geral sobre o fenómeno da publicização dos contratos jurídico-privados da Administração); Rebelo de Sousa/Salgado de Matos, *Direito Administrativo Geral,* tomo III, pp. 296 segs.; Assis Raimundo, *A forma*ção dos contratos públicos, pp. 48, 104 e 114. Aparentemente em sentido contrário, cfr. Pedro Gonçalves, *Direito dos Contratos Públicos,* pp. 23 e 30 31, para quem parece haver contratos públicos não submetidos a qualquer norma de direito público e, portanto, nao regulados pelo Direito Administrativo.

[37] Cfr. Rebelo de Sousa/Salgado de Matos, *Direito Administrativo Geral,* tomo III, pp. 300 segs., e Assis Raimundo, *A formação dos contratos públicos,* pp 124 segs., que, a este propósito, se referem à existência de graus diferenciados de administrativização dos contratos da Administração.

tos de direito privado da Administração está, no entanto, a assunção de que os contratos da Administração não devem ser todos submetidos ao Direito Administrativo *da mesma maneira, com a mesma extensão e intensidade*. Se eles não são todos qualificados como contratos administrativos, é, pois, porque o Direito positivo reserva a qualificação de contratos administrativos para aqueles que têm um estatuto próprio de Direito Administrativo, que com este ramo do Direito estabelecem uma relação de maior intensidade, nele encontrando o seu regime primordial e, por isso, se pode dizer que são mais administrativos do que os outros[38], ao passo que os contratos de direito privado da Administração são contratos que, embora não deixem de estar sujeitos à aplicação de normas de Direito Administrativo, estão primordialmente submetidos a um regime de Direito privado.

Reveste-se, a este propósito, de relevo o disposto no nº 3 do artigo 2º do CPA, que determina a aplicabilidade a toda e qualquer atuação da Administração, ainda que de gestão privada, dos preceitos que concretizam preceitos constitucionais e dos princípios gerais da atividade administrativa. Com efeito, decorre deste preceito que as atuações de gestão privada da Administração também estão submetidas ao Direito Administrativo, mas não nos mesmos moldes que as suas atuações de gestão pública, pois enquanto o Direito Administrativo se aplica por inteiro a estas, que nele encontram o seu regime próprio, já no que respeita àquelas, ele só se lhes aplica com uma extensão limitada. Neste sentido se inscreve o regime do nº 2 do artigo 202º do CPA, que declara apenas aplicáveis aos contratos de direito privado da Administração as normas de Direito Administrativo que concretizam preceitos constitucionais e os princípios gerais da atividade administrativa.

Resulta, pois, dos preceitos enunciados que os contratos de direito privado da Administração estão primordialmente submetidos a normas de direito privado, embora não deixando de estar submetidos a normas de Direito Administrativo. Ou seja, que os contratos em causa se regem

[38] Cfr. Afonso D' Oliveira Martins, "Para um conceito de contrato público", in *Estudos em Homenagem ao Prof. Doutor Inocêncio Galvão Telles*, vol. V, Coimbra, 2003, p. 484; e, em sentido crítico, Rebelo de Sousa/Salgado de Matos, *Direito Administrativo Geral*, tomo III, pp. 289-290 e 294-295.

por um *Direito privado administrativizado* ou *publicizado*[39], estando, assim, submetidos a um regime da mesma natureza daquele que também na Alemanha se entende valer para os contratos de direito privado da Administração: regime que, de acordo com a originária construção alemã do *Direito privado administrativo*, apenas se entendia aplicar aos contratos privados através dos quais a Administração exercesse diretamente a função administrativa, mas que, com o tempo, veio a ser também estendido às relações jurídicas constituídas por contratos ditos auxiliares *(Hilfgeschäfte)*[40].

2.3. Regime substantivo dos contratos administrativos no CPA e no CCP

9. No que diz respeito à definição do conteúdo do regime substantivo aplicável aos contratos administrativos, cumpre referir que, em sintonia com aquele que, como vimos, era o pensamento dominante durante o período do Estado Novo, o primeiro Projeto de Código de Processo Administrativo Gracioso elaborado no início dos anos oitenta do século passado ainda circunscrevia aos contratos de colaboração subordinada, e mesmo aí com matizes, o reconhecimento ao contraente público da titularidade, no âmbito da relação contratual, de poderes de direção, fiscalização, sancionatório e de modificação e de resolução unilaterais[41].

[39] Cfr., por todos, Paulo Otero, *Legalidade e Administração Pública,* p. 311, e *Direito do Procedimento Administrativo,* vol. I, Coimbra, 2016, pp. 349, 350 e 352.

[40] Sobre a construção doutrinal alemã do *Direito privado da Administração (Verwaltungsprivatrecht)* e a evolução referida no texto, cfr., por todos, Ulrich Stelkens, *Verwaltungsprivatrecht,* designadamente a pp. 912 segs.; Dirk Ehlers, "Verwaltung und Verwaltungsrecht im demokratischen und sozialen Rechtsstaat", in Hans-Uwe Erichsen/Dirk Ehlers (eds.), *Allgemeines Verwaltungsrecht,* 14ª ed., Berlim, 2010, pp. 172 segs.; Dirk Ehlers, *Verwaltung in Privatrechtsform,* Berlim, 1984. Na doutrina portuguesa, cfr., por todos, Maria João Estorninho, *A Fuga para o Direito Privado,* Coimbra, 2009, pp. 121 segs., e *Requiem pelo contrato administrativo,* pp. 174 segs..

[41] Cfr., a propósito, Sérvulo Correia, *Legalidade e autonomia contratual no contrato administrativo,* p. 418, e Mário Esteves de Oliveira, *Direito Administrativo,* Coimbra, 1980, p. 651. Era, aliás, significativo que, depois de assumir, na p. 654, que seria "profundamente erróneo – e muito perigoso – pretender tratar unitariamente, sob a perspectiva do seu regime", a multiplicidade de instrumentos contratuais de que já nessa altura dispunha a Administração, se referia exclusivamente aos contratos de colaboração subordinada o essencial da

O artigo 180º do CPA de 1991 veio, no entanto, a inverter os termos da questão, estabelecendo que, por regra, o contraente público é titular daqueles cinco poderes no âmbito da generalidade das relações contratuais administrativas[42]. E na mesma senda veio, entretanto, a colocar-se o CCP de 2008, cujo regime do artigo 302º corresponde, no essencial, ao do artigo 180º do CPA que o precedeu.

Por outro lado, como o CCP alargou de modo exorbitante o âmbito dos contratos administrativos, essa opção conduziu ao alargamento exponencial do universo das relações contratuais no âmbito das quais é reconhecida ao contraente público a titularidade dos referidos poderes. E o regime do CCP também abriu caminho a que, na doutrina, se viesse sustentar, de modo, a nosso ver, surpreendente, que não é só no âmbito das relações emergentes dos contratos administrativos de colaboração subordinada dos particulares com a Administração, de matriz francesa, mas também no âmbito das relações emergentes dos contratos sobre o exercício de poderes públicos, de matriz alemã, que o contraente público seria titular dos poderes mencionados[43].

exposição a que, na obra citada, este último Autor procedia, a pp. 692 segs., do regime de interpretação e execução dos contratos administrativos, designadamente no que dizia respeito ao exercício, no âmbito das relações emergentes desses contratos, dos cinco poderes referidos no texto.

[42] Nesse sentido, veja-se, aliás, que a exposição sobre a matéria de Diogo Freitas do Amaral, *Direito Administrativo*, vol. III, policop., Lisboa, 1989, pp. 457 segs., se compaginava com a da doutrina francesa da época.

[43] Neste sentido, veja-se a evolução de posições de Mark Kirkby, do seu primeiro e muito estimulante *Contratos administrativos de subordinação*, Lisboa, 2002, para o subsequente *Contratos sobre o exercício de poderes públicos*, Coimbra, 2011; e Pedro Gonçalves, *Direito dos Contratos Públicos*, que não afasta, em termos gerais, a aplicabilidade do artigo 302º do CCP aos contratos sobre o exercício de poderes públicos. Mas já do discurso de Pedro Gonçalves em *O contrato administrativo*, pp. 101 segs., resultava a mesma consequência: com efeito, se, na p. 104, o Autor ressalvava que a submissão dos contratos administrativos a um regime de supremacia do contraente público sobre o cocontratante "só é uma exigência inequívoca nos *contratos de objeto público*", cujo objeto "indica um *quid* que não pode nem deve deixar de estar na *disponibilidade permanente da Administração*" – afirmação que, atendendo à génese do contrato administrativo francês, nos remeteria apenas para os contratos de concessão ou sobre bens públicos – a verdade é que, na p. 11, o Autor identificava os contratos sobre o exercício de poderes públicos como contratos com objeto público e que, nas pp. 101-102, assumia que, se o modelo que tem em vista na exposição a que procede do regime de supremacia do contraente público no âmbito da relação contratual administrativa "é sobretudo o do clássico contrato administrativo de *colaboração*, que regula os termos da associação duradoura de

Pode, assim, dizer-se que, de modo, a nosso ver, paradoxal, a evolução ocorrida nesta matéria, entre nós, desde a instituição do regime democrático se caracterizou pela consagração de um regime pretendidamente unitário do contrato administrativo que coloca o acento tónico da qualificação dos contratos como administrativos na atribuição de poderes de autoridade ao contraente público no âmbito do relacionamento com o seu cocontratante, a partir de uma versão exacerbada da teoria francesa do contrato administrativo, mas estendida a categorias de contratos que, em França, não são submetidos a esse regime porque nem sequer existem (como sucede com os contratos sobre o exercício de poderes públicos) ou não são qualificados como contratos administrativos, mas como contratos de direito privado (como ainda sucede com uma parte dos contratos de compras públicas).

É esta evolução e os resultados a que chegou que, no presente livro, pretendemos submeter a apreciação crítica, enunciando os termos em que, para nós, se coloca, no nosso ordenamento jurídico, *o problema do contrato administrativo,* nas duas dimensões em que, a nosso ver, ele se desdobra: *o problema do âmbito do contrato administrativo* e *o problema do conteúdo dos regimes substantivos dos contratos administrativos.*

um particular ao desempenho das atribuições de uma entidade pública", "muito do que vai dizer-se a propósito do regime substantivo deles se aplica a outros, como, p. ex., os contratos sobre o exercício de poderes públicos". Ora, na origem de regimes como o do CCP estão generalizações doutrinais deste tipo, comuns na doutrina francesa sobre a teoria geral do contrato administrativo, tal como, entre nós, pelo menos desde a tese de Melo Machado (nesse sentido, veja-se o título da tese, *Teoria jurídica do contrato administrativo,* e a explicação assumida pelo Autor a p. 19 de que, como para "esboçar uma teoria jurídica do contato administrativo" bastam "as grandes linhas do regime positivo regulador dessas convenções, passa a segundo plano a preocupação de estabelecer o regime de pormenor de todos os seus aspetos»).

II
O Problema do Âmbito do Contrato Administrativo

10. Mercê de uma forte tradição, a cujo peso o CCP claramente se curvou, é indiscutível a centralidade que nele assume a figura do *contrato administrativo* e os critérios de que a lei faz depender a recondução dos concretos espécimes contratuais públicos a esse conceito.

Cumpre, no entanto, começar por recordar que é entendimento comum no panorama jurídico europeu continental que nem todas as relações jurídicas que envolvem a Administração são reguladas pelo Direito Administrativo, que só disciplina a atividade que a Administração desenvolve *enquanto tal, nessa sua qualidade,* ou seja, *no exercício da função administrativa.* Em todos os ordenamentos jurídicos europeus, é, por isso, reconhecida a possibilidade de a Administração celebrar contratos de direito privado. Mais do que isso: vale o entendimento de que, em princípio, os contratos que a Administração celebra são contratos de direito privado.

Este ponto reveste-se de particular interesse para a análise que propomos, pelo que se justifica começar por atentar nele neste passo inicial da exposição.

1. Relação entre contratos administrativos e contratos de direito privado da Administração

11. Cumpre recordar que o contrato nasceu, historicamente, no âmbito das relações entre privados. Antes do nascimento do Direito Ad-

ministrativo na Europa continental, os contratos que a Administração celebrava só podiam ser, pois, contratos de direito privado. Mas, mesmo após o nascimento do Direito Administrativo, era natural que os contratos da Administração continuassem a ser qualificados como instrumentos de direito privado, constitutivos de relações jurídicas de direito privado[44].

Com efeito, nascido para disciplinar o Poder Administrativo, o Direito Administrativo foi, na sua génese, concebido como o ramo do Direito dirigido a enquadrar as prerrogativas de poder público da Administração, fundando relações jurídicas caracterizadas por um natural desnivelamento entre as partes, adveniente da circunstância de as entidades públicas não figurarem, no âmbito dessas relações, numa posição de paridade com os particulares, mas investidas numa posição de *supremacia jurídica* em relação a eles. O pressuposto em que assentou a génese do Direito Administrativo, tal como ele foi concebido na fase em que, nos ordenamentos jurídicos europeus continentais, começou a ser objeto de construção científica, foi, na verdade, o de que a adequada prossecução do interesse público exigia a instituição de um aparelho administrativo dotado de poderes jurídicos de autoridade, que o investisse num estatuto de supremacia ao qual correspondesse um estatuto de sujeição dos particulares. O Direito Administrativo foi, assim, historicamente instituído como o instrumento formal dirigido a fundamentar, legitimando-a, a existência desse aparelho no quadro do Estado de Direito[45].

[44] Assim, MICHEL FROMONT, *Droit administratif des États européens,* p. 297. Na doutrina portuguesa, cfr. PAULO OTERO, *Direito do Procedimento Administrativo,* p. 363, a exposição de MELO MACHADO, *Teoria jurídica do contrato administrativo,* pp. 201 segs., e, ainda em 1928, MAGALHÃES COLLAÇO, *Concessões de serviços públicos,* p. 18.

[45] O Direito Administrativo nasce, assim, como um instrumento de poder: cfr. MEILÁN GIL, *La estructura de los contratos públicos,* p. 76. Na síntese de MANNORI/SORDI, *Storia del Diritto Amministrativo,* pp. 374 segs., o processo de construção da autonomia disciplinar do Direito Administrativo no século XIX individualiza a sua essência na *desigualdade* dos sujeitos. Segundo os Autores, "o direito administrativo não constroi a sua parte geral de modo indutivo, elaborando os dados fornecidos pelo direito positivo. Parte, pelo contrário, de uma definição quase fideística de administração; isola uma certa essência administrativa, que hipostasia como natural, e desta faz derivar pincípios e critérios de construção sistemática"; "o modelo administrativo oitocentista consolida-se, de facto, de modo definitivo, na ausência de qualquer base codificada e sobre uma base legislativa modesta. Institutos e princípios gerais não são definidos pelo legislador: são, pelo contrário, o fruto do 'trabalho jurídico' dos juristas". E a tarefa dos juristas do Estado de Direito é a de juridicizar a Administração do

É verdade que a atribuição desses poderes veio a ser acompanhada da imposição de deveres específicos e do reconhecimento de direitos aos particulares. Mas o pressuposto de base residiu na instituição da Administração Pública como Poder, como *centro de poderes*[46]. O Direito Administrativo nasce, assim, historicamente, como um *Direito exorbitante,* dirigido a disciplinar o exercício dos poderes de autoridade da Administração[47].

Ora, a matriz autoritária que, desse modo, esteve na sua génese, enquanto Direito da autoridade da Administração, exorbitante em relação ao Direito privado, entendido como o Direito comum, fez com que, num primeiro momento, o Direito Administrativo não disciplinasse as relações contratuais da Administração. Na verdade, o instrumentário jurídico próprio de atuação da Administração no âmbito da sua atividade enquadrada pelo Direito Administrativo tinha por força de caracterizar-se pela unilateralidade da produção de efeitos. A Administração exercia os seus poderes através da emissão de atos jurídicos unilaterais e não da celebração de contratos[48]. Ao que acrescia que, como ela prossegue a satisfação de um quadro de fins heteronomamente determinados pelo legislador, que é a quem compete identificar as necessidades públi-

Estado de Polícia, na plenitude dos seus poderes: "Porque se estrutura sobre uma estadualidade que, para os nossos juristas, já está historicamente adquirida, o Estado de Direito não belisca nem diminui a amplitude do poder. Antes substitui os antigos e específicos direitos de supremacia por um poder geral do Estado que age de modo autoritário", que se concretiza em dimensões – a supremacia, a imperatividade, a autotutela – "a que se associam míticas origens de antigo regime: aspetos que não só são considerados como 'na-turais', pertencentes ao próprio conceito de administração, como elevados a 'regra geral'".

[46] Cfr., por todos, Freitas do Amaral, *Curso de Direito Administrativo,* vol. II, pp. 16 segs.; Paulo Otero, *Legalidade e Administração Pública,* pp. 281-282.

[47] Cfr. Armin von Bogdandy, "El Derecho Administrativo en el espacio jurídico europeo", p. 303. Como judiciosamente nota Diogo Freitas do Amaral, *Curso de Direito Administrativo,* vol. I, 4ª ed., Coimbra, 2015, p. 141, "o Direito Administrativo não é apenas um instrumento de liberalismo frente ao Poder, é ao mesmo tempo o garante de uma ação administrativa eficaz. O Direito Administrativo, noutras palavras ainda, é simultaneamente um meio de afirmação da vontade do Poder, e um meio de proteção do cidadão contra o Estado". Pode, assim, dizer-se, com Gaspar Ariño Ortiz, *Lecciones de Administración (y Políticas Públicas),* Madrid, 2011, p. 77, que permanece "a *visão de sempre* do Direito Administrativo como o *Direito do poder*", que tem por objeto "a *regulação jurídica do exercício do poder público com garantias*". Cfr. também Giulio Napolitano, "I grandi sistemi del Diritto Amministrativo", p. 6.

[48] Cfr., a propósito, Meilán Gil, *La estructura de los contratos públicos,* pp. 59 segs.; M. J. Estorninho, *Requiem pelo contrato administrativo,* pp. 30-31.

cas que à Administração cumpre satisfazer e os meios que ela deve utilizar para o efeito, o exercício da função administrativa não é expressão de um poder de autodeterminação como aquele que decorre da autonomia privada, pelo que não seria compatível com a utilização do instrumento contratual[49].

Afirmado de modo mais estruturado e persistente na Alemanha[50], neste argumentário assentou, durante muito tempo, a recusa da possibilidade de se conceber a existência de contratos de Direito Administrativo, fundada na afirmação da natureza necessariamente privada do instrumento contratual. Como a genése das relações contratuais não se fundava no exercício unilateral de poderes de autoridade da Administração, mas na utilização pela Administração de um instrumento próprio do direito privado, de estrutura bilateral, em que ela surgia colocada num plano formal de paridade com o seu cocontratante, entendia-se que as relações contratuais da Administração eram, por natureza, relações de direito privado, que, como tal, se regiam pelo direito privado, que era o Direito comum dos contratos.

Nesta perspetiva, o Direito Administrativo nasceu para conferir às entidades públicas uma capacidade de direito público, primacialmente dirigida a investi-las na titularidade de poderes de autoridade, que vinha acrescer à capacidade comum de direito privado, de que elas dispunham pelo simples facto de serem sujeitos jurídicos. Os contratos pertenciam, por natureza, à esfera privada, à capacidade de direito privado das entidades públicas, que lhes permitia agir como privados, ao abrigo das regras que se aplicam aos privados, e não à sua capacidade pública, conferida pelo Direito Administrativo e, por isso, regida por este ramo do Direito[51]. Por conseguinte, o Direito Administrativo disciplinava o exer-

[49] Cfr., por todos, a síntese em FREITAS DO AMARAL, *Curso de Direito Administrativo*, vol. II, pp. 446 segs..

[50] Nesta perspectiva, para OTTO MAYER, "Zur Lehre vom offentlichrechtlichen Vertrage", *Archiv des Offentlichen Rechts*, 1888, p. 42, "verdadeiros contratos do Estado no campo do Direito público são impensáveis". Para uma exposição ulterior deste entendimento, cfr. MARTIN BULLINGER, *Vertrag und Verwaltungsakt*, pp. 256 segs.. Para uma apreciação crítica, cfr. RALF MICHAEL DEWITZ, *Der Vertrag in der Lehre Otto Mayers*, Berlim, 2004, pp. 11 segs..

[51] Recorde-se que, no Direito alemão, a construção da personalidade jurídica do Estado passa por uma primeira fase, em que se procede a um desdobramento dessa personalidade jurídica, estabelecendo a diferenciação entre o Estado, como pessoa pública, e o *Fiskus*, como entidade privada: nessa fase, não seria o Estado, enquanto pessoa pública, mas o seu

cício dos poderes da Administração, enquanto ao direito privado cabia disciplinar as relações entre iguais, o que incluía as relações contratuais que a Administração estabelecia agindo sob vestes privadas, que não havia razão para disciplinar de modo diferente das demais relações de natureza privada[52].

12. Dentro da ordem de ideias que acaba de ser enunciada, era natural que, historicamente, os primeiros regimes próprios criados para contratos que hoje qualificaríamos como de Direito Administrativo, em razão da natureza específica dos interesses públicos por eles visados, fossem concebidos como regimes especiais de direito privado, derrogatórios do regime comum, mas nem por isso deixando de partilhar com este a mesma natureza[53]. E por este estádio de evolução se têm mantido ordenamentos jurídicos como o britânico, embora não deixem de estabelecer, como haverá oportunidade de referir, diferenciações entre os contratos públicos e os demais contratos.

Mas, mesmo à medida em que, primacialmente em França e mais tarde, pouco a pouco, noutros países, na Europa e fora dela, que vieram a incluir a própria Alemanha, se veio, como vimos atrás, a admitir a existência de contratos de Direito Administrativo, essa evolução não deixou de assentar no pressuposto de que, mesmo quando celebrados pela Administração, os contratos são, em princípio, instrumentos de direito privado, que dão origem a relações de direito privado, e não contratos de Direito Administrativo[54].

alter ego, o *Fiskus*, a figurar nas suas relações de direito privado: cfr. OTTO MAYER, *Le Droit Administratif Allemand*, vol. I, Paris, 1903, pp. 56 segs.. É só numa segunda fase que se evolui para uma construção segundo a qual Estado e *Fiskus* deixam de ser configurados como realidades cada uma delas dotada de personalidade jurídica própria, para passarem a ser entendidas como duas faces de uma mesma entidade, que é o Estado, e que tanto pode atuar no exercício da sua capacidade de direito público, exercendo os seus poderes de autoridade, como no exercício da sua capacidade de direito privado, agindo fora do âmbito do exercício desses poderes. Para uma síntese, por referência à evolução registada na Alemanha, cfr. SPYRIDON FLOGAÏTIS, *Les contrats administratifs*, pp. 201 segs..

[52] Cfr. a síntese em MANNORI/SORDI, *Storia del Diritto Amministrativo*, pp. 386-389.

[53] Cfr. PEDRO GONÇALVES, *Direito dos Contratos Públicos*, p. 46, com referência à empreitada de obras públicas.

[54] Cfr. SPYRIDON FLOGAÏTIS, *Les contrats administratifs*, pp. 212-216; CHARLES EISENMANN, *Cours de Droit Administratif*, vol. I, Paris, 1982, pp 566 segs.. E, por referência à realidade

Entende-se, na verdade, que as pessoas coletivas de direito público, pelo simples facto de serem sujeitos jurídicos, têm uma capacidade de direito privado, da qual resulta que podem ter património privado e dispor dele e, de uma maneira geral, que podem tomar parte em relações jurídicas de direito privado[55], utilizando os instrumentos jurídicos que o direito privado coloca à disposição de todos os sujeitos jurídicos, desde que isso não seja incompatível com a sua natureza, nem com a prossecução das necessidades públicas que constituem o quadro das suas atribuições[56]. Estamos, nesse domínio, perante o que, na nossa ordem jurídica, tem sido designado como *atuações de gestão privada* da Administração[57].

Ora, nesta perspetiva se funda o reconhecimento, em todos os ordenamentos jurídicos, da possibilidade de a Administração celebrar contratos de direito privado. Mas, mais do que isso, o entendimento de que, em princípio, os contratos que a Administração celebra são contratos de

nacional, desde o Código Administrativo de 1836, MELO MACHADO, *Teoria jurídica do contrato administrativo*, p. 99.

[55] A nosso ver, o entendimento referido no texto está subjacente à afirmação do Direito privado como o Direito de toda a gente (*Jedermannsrecht*), que, como tal, também é o Direito comum das entidades públicas, ao lado do qual o Direito Administrativo é um Direito especial (*Sondersrecht*) (cfr., a propósito, as referências em SÉRVULO CORREIA, *Legalidade e autonomia contratual nos contratos administrativos*, p. 394, e a boa síntese de ALEJANDRO HUERGO LORA, *Los contratos sobre los actos y las potestades administrativas*, p. 245 e nota 2; para o Direito italiano, cfr. STICCHI DAMIANI, *Attività amministrativa consensuale e accordi di programma*, Milão, 1992, p. 48).

[56] Cfr. FREITAS DO AMARAL, *Curso de Direito Administrativo*, vol. I, pp. 136 e 147-148; PAULO OTERO, *Legalidade e Administração Pública*, pp. 811-812, e *Direito do Procedimento Administrativo*, pp. 349 e 365. Nesta perspetiva, se é verdade que a afirmação do Direito Administrativo como o Direito comum da Administração é muito antiga, remontando às origens da construção científica do Direito Administrativo, por reação ao panorama assistemático anterior, o certo é que, nesse contexto, se fala da Administração *enquanto tal*, isto é, por referência exclusiva ao âmbito da sua atividade de gestão pública, deixando maior ou menor espaço para a aplicação à Administração do direito privado, designadamente no âmbito da sua atividade contratual: cfr., por todos, MANNORI/SORDI, *Storia del Diritto Amministrativo*, pp. 382-383, com referência às posições de *Otto Mayer* e *Cammeo* sobre a matéria.

[57] Cfr., por todos, FREITAS DO AMARAL, *Curso de Direito Administrativo*, vol. I, pp. 130-131; PAULO OTERO, *Direito do Procedimento Administrativo*, p. 348; SÉRVULO CORREIA, *Legalidade e autonomia contratual no contrato administrativo*, pp. 466 e 522 segs.; PEDRO GONÇALVES, *Entidades privadas com poderes públicos*, Coimbra, 2005, pp. 254-255. Cfr., numa perspectiva de direito comparado, J. B. AUBY, "Comparative approach to the rise of contract in the public sphere", *Public Law* 2007, p. 50.

direito privado, no sentido de que, a menos que sejam submetidos a um regime próprio de Direito Administrativo, eles estão submetidos ao Direito comum dos contratos, que é o direito privado[58].

É assim na generalidade dos ordenamentos jurídicos, incluindo o francês, em relação ao qual o pressuposto em que assenta a autonomização da figura do contrato administrativo também é o de que, salvo demonstração em contrário, os contratos celebrados pela Administração com particulares são contratos de direito privado, pelo que, na ausência de determinação normativa que os qualifique como tais, esses contratos só serão administrativos quando haja alguma razão que determine o seu afastamento do seu *habitat natural*, para serem submetidos aos tribunais administrativos e, em função disso, a um regime de cunho administrativo[59]. Os contratos da Administração são, assim, contratos de direito

[58] Como assinala MICHEL FROMONT, "L' évolution du Droit des contrats de l' Administration – différences théoriques et convergences de fait", in ROZEN NOGELLOU/ULRICH STELKENS (eds.), *Droit Comparé des Contrats Publics*, p. 266, "a França é quase o único país europeu a ter trazido importantes exceções ao princípio da submissão ao direito privado dos contratos da Administração". Cfr. também Jacques Ziller, "Introduction: Les Droits Administratifs nationaux: Caractéristiques générales», p. 545; J. B. AUBY, «Comparative approaches to the rise of contract in the public sphere», p. 47. No Direito italiano, parece, mesmo, entender-se que só pode falar-se de contratos de direito público "quando ao carácter público do objeto contratual uma norma positiva associe uma disciplina diversa da do contrato de direito privado": cfr. STICCHI DAMIANI, *Attività amministrativa consensuale e accordi di programma*, pp. 84 e 48. Cfr. também ROBERTO CARANTA, *I Contrati Pubblici*, 2ª ed., Turim, 2012, pp. 39-41, e MARCO GALLI, *Attività contratuale della Pubblica Amministrazione e difetto di potere rappresentativo*, Nápoles, 2003, pp. 249 segs.. No Direito alemão, só em certos domínios é reconhecida à Administração uma liberdade de escolha entre instrumentos de direito público e de direito privado, que, por isso, não se estende aos contratos comuns de compras públicas e de gestão do património, considerados de natureza privada pela sua natureza meramente auxiliar do exercício das funções primárias da Administração: cfr. STELKENS, *Verwaltungsprivatrecht*, pp. 86 segs. e 683 segs.; MICHEL FROMONT, *Droit administratif des États européens*, pp. 314 e 316.

[59] Para MICHEL FROMONT, *Droit administratif des États européens*, pp. 297-298, a regra de que os contratos da Administração são contratos de direito privado é ainda hoje a posição de princípio em quase todos os países europeus, mas "é em França que o princípio de aplicação do direito privado sofreu mais derrogações, ao ponto de que, hoje, ele pode ser considerado como tendo sido substituído pelo princípio inverso, o da submissão ao direito público". Porém, esta afirmação não se nos afigura exata, em relação ao Direito francês, como resulta da posição que o *Conseil d' État* e a doutrina francesa assumem – e, com ela, também o Autor citado, no mesmo local – a propósito dos contratos celebrados entre entidades públicas: com efeito, é só em relação a esses contratos que, em França, se assume que, salvo demonstração em contrário, a regra é a inversa, da natureza administrativa dos contratos, com o que, nas

privado, salvo quando a sua qualificação como administrativos resulte de normas ou da conjugação de *critérios de administratividade* – na perspectiva hoje, aliás, entre nós consagrada no nº 2 do artigo 200º do CPA e no nº 1 do artigo 280º do CCP[60].

Na verdade, como, nesse sentido, muito judiciosamente assinala *Christophe Guettier,* para qualificar os contratos como administrativos, "nada se pode retirar da presença de uma pessoa pública no contrato. Tudo se passa antes como se tais não pudessem ser *a priori* senão contratos de Direito privado. A sua administratividade não seria natural. Ela não poderia resultar senão da prova de elementos característicos que não se encontrariam justamente em contratos de direito privado. O esforço deve, pois, recair sobre o grau de originalidade do próprio contrato. São efetivamente critérios materiais que são aqui tomados em conta. Resulta assim de uma jurisprudência rica e não destituída de subtilezas que os contratos celebrados entre uma pessoa pública e uma pessoa privada não são administrativos a menos que apareçam como atos de

sintomáticas palavras dos *Conseillers d' État* MICHEL ROUGEVIN-BAVILLE/RENAUD DENOIX DE SAINT MARC/DANIEL LABETOULLE, *Leçons de droit administratif,* Paris, 1989, pp. 187-188, por referência à jurisprudência do Tribunal dos Conflitos de 21 de março de 1983, que ainda hoje se mantém, "um contrato celebrado entre uma pessoa pública e uma pessoa privada não é qualificado como administrativo senão se existir qualquer coisa 'a mais'. Não basta que o critério orgânico seja preenchido: é necessário estabelecer de modo positivo, caso a caso, que essa qualquer coisa a mais existe, seja no objeto do contrato, seja nas suas cláusulas. Tratando-se, pelo contrário, de um contrato celebrado entre duas pessoas públicas, há uma espécie de presunção do caráter administrativo desse contrato [...] Dito de outro modo, o critério material é aplicado aqui com uma espécie de inversão do ónus da prova". Na doutrina mais recente, cfr. ainda, a respeito, DANIEL LABETOULLE, "Retour sur la jurisprudence UAP", *Actualité Juridique Droit Administratif* 2013, pp. 840 segs.

[60] PEDRO GONÇALVES, *O contrato administrativo,* pp. 60-61, tenta inverter os termos da questão, mas, a nosso ver, sem êxito: com efeito, só reconhecendo que não existe uma regra de atuação contratual da Administração segundo o Direito Administrativo é que é possível recortar, dentro do universo dos contratos da Administração, aqueles que ela celebra "ao abrigo de normas que se lhe dirigem *enquanto tal*", e portanto, o alegado "princípio segundo o qual, *no âmbito do direito administrativo,* a Administração age por formas de direito administrativo". Na verdade, a questão não reside em saber, a jusante, que, quando contrata "no âmbito do direito administrativo", a Administração celebra contratos administrativos, mas de saber, a montante, qual é, à partida, e antes de se proceder a essa verificação, a natureza dos contratos que ela celebra.

gestão pública, e isto em razão, seja da ligação a um serviço público, seja de elementos exorbitantes do direito privado»[61].

Sendo que, nesse contexto, o chamado *critério das cláusulas exorbitantes*, sem prejuízo das críticas, muito justas, a que se presta, assenta precisamente na lógica de qualificar como administrativos os contratos que sejam diferentes dos outros por apresentarem notas de administratividade traduzidas na inclusão no seu clausulado de estipulações que, "nomeadamente pelas prerrogativas reconhecidas à pessoa pública contratante na execução do contrato, impliquem, no interesse geral, que ele releve de um regime exorbitante do contrato administrativo"[62], seja porque determinem a produção de efeitos de Direito Administrativo (objeto) ou que sejam determinadas por razões diretamente ligadas à prossecução do interesse público pelo contraente público (fim)[63].

É nesta lógica que ainda hoje assenta, no vigente ordenamento jurídico português, a diferenciação entre contratos administrativos e contratos de direito privado da Administração, com precedência, no plano lógico, destes em relação àqueles.

Com efeito, o CCP, ao assumir que a figura do contrato administrativo só compreende as categorias de situações identificadas no nº 1 do seu artigo 280º e nos artigos 3º e 8º, presupõe que, ao lado dela, subsiste lugar para a existência de contratos de direito privado da Administração. Esta realidade veio a ser, entretanto, explicitada no novo artigo

[61] Cfr. Christophe Guettier, *Droit des contrats administratifs*, pp. 99-100. Este ponto é geralmente assinalado pela doutrina francesa, fazendo, nessa linha, notar Spyridon Flogaïtis, *Les Contrats Administratifs*, p. 163, que os critérios de qualificação do contrato administrativo foram construídos pela jurisprudência do *Conseil d' État*, não no sentido de ampliar o domínio dos contratos administrativos, mas de o restringir, sendo a maior parte dos contratos públicos excluídos da jurisdição administrativa, seja porque nada tinham que ver com a execução de um serviço público, seja porque não continham cláusulas capazes de os tornar administrativos.

[62] É a formulação do critério assumida pelo Tribunal dos Conflitos, em importante decisão de 13 de outubro de 2014: cfr. Richer/Lichère, *Droit des Contrats Administratifs*, p. 91.

[63] Sobre o critério em referência no texto, cfr., por todos, Richer/Lichère, *Droit des Contrats Administratifs*, pp. 89 segs.; Paul Amselek, "La qualification des contrats de l' administration par la jurisprudence", *Actualité Juridique – Droit Administratif* 1983, pp. 3 segs.. Na doutrina portuguesa, cfr. M. J. Estorninho, *Curso de Direito dos Contratos Públicos*, pp. 161 segs.; Sérvulo Correia, *Legalidade e autonomia contratual no contrato administrativo*, pp. 179 segs., e as sínteses a pp. 360-362, nota 34, e 398; Melo Machado, *Teoria jurídica do contrato administrativo*, pp. 135 segs..

200º do CPA. Subjacente à regra do nº 2 do artigo 200º do CPA e ao modo como o contrato administrativo é delimitado no nº 1 do artigo 280º do CCP, por enumeração dos critérios cujo preenchimento dá lugar à qualificação dos contratos como administrativos, está a assunção de que, fora dos casos em que sejam classificados como administrativos, os contratos da Administração são contratos de direito privado[64].

Os contratos da Administração são, naturalmente, contratos de direito privado quando o próprio Direito Administrativo o determine: é o que sucede com os contratos das entidades públicas empresariais, que a lei administrativa submete ao direito privado, determinando expressamente que, no contexto da sua atividade, estas entidades, por regra, se regem pelo direito privado, procedendo à celebração de contratos de direito privado no exercício de uma capacidade predominantemente de direito privado; e também sucede na medida em que da lei resulte a qualificação como contratos de direito privado dos contratos mediante os quais entidades formalmente privatizadas realizam prestações que satisfazem necessidades públicas, no exercício de funções materialmente administrativas[65].

Mas também o são, mesmo na ausência de determinação normativa nesse sentido, desde que não preencham nenhum dos critérios do nº 1

[64] A nosso ver, é, desse ponto de vista, paradigmática a consagração, na alínea a) do nº 1 do artigo 280º do CCP, do critério da vontade das partes como critério de administratividade dos contratos: na verdade, ele é a expressão do critério francês da possibilidade de escolha pela Administração entre a celebração de um contrato administrativo ou de um contrato de direito privado, consoante a inclusão ou não no respetivo clausulado de cláusulas exorbitantes do direito comum. Para a colocação da questão nesses termos, por referência ao Direito francês, cfr. SÉRVULO CORREIA, *Legalidade e autonomia contratual no contrato administrativo*, designadamente a pp. 360-362, nota 34, e 398; na doutrina francesa, cfr. JEAN RIVERO/ MARCEL WALINE, *Droit Administratif*, 21ª ed., Paris, 2006, pp. 384-385; ROUGEVIN-BAVILLE/ /DENOIX DE SAINT MARC/ LABETOULLE, *Leçons de droit administratif*, p. 187; e, numa perspectiva de direito comparado, SPYRIDON FLOGAÏTIS, *Les contrats administratifs*, pp. 231-232.

[65] Sobre o regime aplicável às entidades públicas empresariais e, em geral, aos contratos de prestação de serviços públicos pela Administração aos cidadãos, no exercício de atividades materialmente administrativas de prestação de caráter industrial ou comercial, cfr., por todos, PAULO OTERO, *Vinculação e liberdade de conformação jurídica do sector empresarial do Estado*, pp. 264-265, e *Legalidade e Administração* Pública, pp. 796 segs. e 824; REBELO DE SOUSA/ /SALGADO DE MATOS, *Direito Administrativo Geral*, tomo III, p. 304; PEDRO GONÇALVES, *Direito dos Contratos Públicos*, p. 412.

do artigo 280º, conjugado com as previsões dos artigos 3º e 8º do CCP, de que depende a sua qualificação como contratos administrativos.

2. O problema do âmbito do contrato administrativo

13. Resulta do que acaba de ser dito que, no nosso ordenamento jurídico, a qualificação de um contrato como administrativo depende da aplicação dos critérios de administratividade do nº 1 do artigo 280º do CCP. Como vimos, o pressuposto em que assentou a autonomização da figura do contrato administrativo no Direito francês foi o de que, salvo demonstração em contrário, os contratos celebrados pela Administração com particulares eram contratos de direito privado, só sendo qualificados como administrativos quando tal se justificasse segundo critérios materiais. E também entre nós, no CCP, é nessa lógica que assentam os critérios materiais de administratividade previstos nas alíneas b) a d) do nº 1 do artigo 280º.

Sucede, porém, que, no CCP, a esses critérios materiais se sobrepõe o critério formal dos contratos administrativos por determinação da lei, ao qual começa desde logo por fazer referência a alínea a) do nº 1 do artigo 280º. Como já atrás foi mencionado, o CCP optou, com efeito, por qualificar, no Título II da sua Parte III, como administrativos todos os contratos de aquisição ou locação de bens móveis e de aquisição de serviços celebrados por contraentes públicos. Desse modo, o Código prescindiu da aplicação de critérios materiais de qualificação para transformar em contratos administrativos um universo extremamente amplo e relevante de contratos, que, na tradição francesa, só eram qualificados como administrativos quando isso resultasse da aplicação dos referidos critérios materiais.

A nosso ver, esta opção do CCP, fazendo sobrelevar o critério de determinação da lei sobre os critérios materiais de qualificação dos contratos administrativos, teve o sentido e o alcance de subverter a lógica tradicional de delimitação do contrato administrativo em relação ao contrato de direito privado da Administração[66]. Ora, do nosso ponto de

[66] A nosso ver, o CCP, por direta influência do pensamento de SÉRVULO CORREIA (cfr. *Legalidade e autonomia contratual no contrato administrativo*, p. 680, assim como pp. 362, nota 34,

vista, afigura-se pertinente submeter a apreciação crítica a *mudança de paradigma* que foi, deste modo, introduzida no nosso ordenamento jurídico pelo CCP.

Com efeito, a opção do CCP de proceder a um grande alargamento do âmbito do contrato administrativo, relegando os contratos de direito privado da Administração para um papel residual, conduziu a que, na mais recente doutrina nacional, viesse a ser questionada a subsistência, no nosso ordenamento jurídico, de contratos de direito privado da Administração e explicitamente colocada a questão de saber se não se deveria avançar, entre nós, para a qualificação de todos os contratos da Administração como contratos administrativos[67].

Ora, pela nossa parte, pensamos que se impõe que a questão seja devidamente ponderada. Justifica-o a circunstância de que, em nossa

e 398), consagrou o critério da vontade das partes, na alínea a) do nº 6 do artigo 1º a que, na redação resultante da revisão de 2017, corresponde a alínea a) do nº 1 do artigo 280º, no propósito de o erigir como critério determinante de administrativização dos contratos da Administração. Mas esse propósito foi, em grande medida, prejudicado pela contraditória qualificação como contratos administrativos a que o mesmo CCP optou por proceder, em bloco, no Título II da sua Parte III, de todos os contratos de aquisição e locação de bens móveis e de aquisição de serviços celebrados por contraentes públicos.

[67] Cumpre notar que a questão tem sido colocada na doutrina em termos dubitativos e marcados por alguma ambiguidade. Assim, João Caupers/Vera Eiró, *Introdução ao Direito Administrativo*, 12ª ed., Lisboa, 2016, p. 296, colocam a alternativa da qualificação de todos os contratos da Administração "como administrativos, ou públicos consoante se prefira", como se da opção não resultassem consequências de regime. E aparentemente na mesma linha, cfr. Alexandra Leitão, *Lições de Direito dos Contratos Públicos*, p. 19. Já defendendo "a expansão da figura do contrato administrativo a todos os contratos celebrados pela Administração", mas admitindo "diversos graus de *administratividade* ou de *publicização* desses contratos, fruto da diferente intensidade das vinculações jurídico-públicas que sobre eles incidem", cfr. Pedro Melo, "Os contratos da Administração no novo CPA", in Carla Amado Gomes/ /Ana Fernanda Neves/Tiago Serrão (eds.), *Comentários ao novo Código do Procedimento Administrativo*, 2ª ed., Lisboa, 2015, p. 1157. Já a posição de Rebelo de Sousa/Salgado de Matos, *Direito Administrativo Geral*, tomo III, é mais original, na medida em que, se, por um lado, entendem que "a categoria do contrato de direito privado da administração deve ser relegada para um papel marginal, mas é excessivo pretender-se acabar com ela" (p. 303), por outro lado defendem, sem qualquer base legal, que "o regime material de direito administrativo da generalidade dos contratos de colaboração da administração [...], incluindo aqueles habitualmente considerados como de direito privado, abrange também os poderes administrativos de autoridade na execução do contrato" (p. 298), o que se consubstancia na extensão aos ditos contratos "habitualmente considerados de direito privado" (*sic*) do regime que o Título I da Parte III do CCP institui para os contratos administrativos.

opinião, a resposta a dar à questão do papel que, no ordenamento jurídico português, deve caber à figura do contrato administrativo e do espaço que, concomitantemente, nele deve corresponder aos contratos de direito privado da Administração depende da posição que se tome quanto aos termos em que se deve estabelecer a relação entre Direito Administrativo e direito privado e, portanto, em última análise, quanto à magna questão do critério do Direito Administrativo.

Com efeito, importa ter presente que, no nosso ordenamento jurídico, a qualificação de contratos como administrativos não corresponde a um mero exercício académico: o conceito de contrato administrativo é um conceito operativo, a que o ordenamento jurídico faz corresponder consequências de regime, que, como já foi referido, resultam da consagração, no Título I da Parte III do CCP, de um regime comum de conteúdo determinado, ao qual – mesmo após a revisão de 2017, como oportunamente se verá – parece dever ser reconhecido um âmbito geral de aplicabilidade. Por conseguinte, não pode esquecer-se que, na nossa ordem jurídica, a qualificação de um contrato como administrativo tem, em princípio, por consequência a aplicação de um regime jurídico de conteúdo determinado[68].

Ora, se, no nosso ordenamento jurídico, a qualificação de um contrato como administrativo implica a sua submissão a um regime jurídico

[68] Parece-nos, por isso, errar o ponto Assis Raimundo, *A formação dos contratos públicos*, p. 150, quando, no termo, aliás, de uma análise de grande interesse sobre a questão que nos ocupa, parece retirar, por aparente influência de um texto de *Yves Gaudemet*, a surpreendente conclusão de que o problema da "hipertrofia" do contrato administrativo se resume a uma maior dificuldade do tratamento teórico da figura. A nosso ver, o erro está, na verdade, em pensar-se que a questão se coloca entre nós nos mesmos termos em que ela se coloca em França, quando a verdade é que não é assim, pois enquanto em França o problema que tem sido apontado reside, de facto, na dificuldade de construção teórica que hoje resulta da heterogeneidade das figuras que, para efeitos de repartição das jurisdições, são qualificadas como contratos administrativos, o problema em Portugal resulta do facto, muito mais grave, de não ter sido para efeitos de repartição de jurisdições, mas para o efeito da submissão a um regime pretendidamente unitário de direito substantivo muito estrito e circunstanciado, fixado por lei, que o CCP procedeu à "hipertrofia" do contrato administrativo. O problema não se coloca, pois, no plano meramente académico, mas normativo, como, aliás, embora sem parecer valorizar muito o facto, o Autor parece, paradoxalmente, reconhecer na p. 149, ao admitir que ele se projeta na "delimitação do campo adequado de aplicação das regras da parte III do CCP" – questão que, a nosso ver, não é menor, nem de mero "tratamento teórico".

de conteúdo determinado, parece-nos evidente que só devem ser qualificados como administrativos os contratos que devam ser submetidos a esse regime e, portanto, que deve ser em função do concreto conteúdo desse regime que se deve proceder à delimitação do universo dos contratos que devem ser qualificados como administrativos[69] – a menos, naturalmente, que antes se tenha o cuidado de substituir esse regime por outro, em função da realidade que à sua aplicação se pretenda submeter.

Uma vez colocada a questão nestes termos, não podemos deixar, pois, de notar que a questão do critério do contrato administrativo é, para nós, indissociável da questão do próprio critério do Direito Administrativo[70]. Na verdade, o que, em última análise, nela está em causa, neste crucial domínio de fronteira entre Direito público e Direito privado, é a determinação da função que ao Direito Administrativo cabe desempenhar, pois é da resposta a esta questão que dependem as opções a fazer quanto à configuração a dar aos regimes de Direito Administrativo a aplicar aos contratos que a Administração celebra.

Com efeito, parece-nos claro que, antes de se identificarem os contratos a submeter a regimes de Direito Administrativo, há que ter ideias claras sobre as necessidades a que se pretende dar resposta na configuração desses regimes e, portanto, das soluções que neles devem ser con-

[69] Na mesma linha, cfr. YVES GAUDEMET, "Pour une nouvelle théorie générale du droit des contrats administratifs", pp. 319 segs., que, em sentido crítico em relação ao alargamento de que a figura do contrato administrativo foi objeto, por via legislativa, no Direito francês, faz notar que o Conselho de Estado francês construiu os critérios jurisprudenciais de qualificação de contratos como administrativos de modo a identificar aqueles cujas particularidades diferenciadoras justificavam ou exigiam a sua submissão a um regime específico de direito público. A nosso ver, na mesma perspetiva devia ser lida a advertência de SÉRVULO CORREIA, *Legalidade e autonomia contratual no contrato administrativo*, p. 392, quando, em sentido crítico em relação à qualificação como administrativos da generalidade dos contratos da Administração, recordava que não se podia deixar de ter presente que o "corpo de princípios do contrato administrativo" foi concebido por referência a um grupo reduzido de contratos, todos caracterizados pela associação de um particular à realização de atribuições da Administração, estando, por isso, «por verificar em que medida esses princípios serão aplicáveis a um conjunto mais amplo e diversificado de contratos".

[70] Também assinalando a conexão, cfr. SÉRVULO CORREIA, *Legalidade e autonomia contratual no contrato administrativo*, pp. 362 e 374, onde se faz notar que, "constituindo uma das pontes de mais amplo alcance que vieram sobrepor-se ao fosso antes inexpugnável entre o Direito Público e o Direito Privado", o contrato administrativo "encerra exemplarmente em si muitas das dificuldades que se manifestam no reajustamento recíproco desses dois grandes campos da Ordem Jurídica".

sagradas para que a resposta seja adequada – com base numa discussão de contornos claros como aquela que aqui propomos e que entendemos que não tem sido feita, como devia. Na verdade, só tendo essas questões previamente resolvidas de forma clara é, a nosso ver, possível identificar de modo adequado os contratos que, por serem contratos em relação aos quais se colocam as necessidades a que os regimes de Direito Administrativo visam dar resposta, devem ser submetidos a esses regimes para encontrarem nas respetivas soluções a resposta para essas necessidades[71].

[71] Já nesta perspetiva, cfr. M. Aroso de Almeida, "Contratos administrativos e poderes de conformação do contraente pública no novo Código dos Contratos Públicos», pp. 4 e 5. Na mesma perspetiva, cfr. Marques Guedes, «O contrato administrativo», pp. 67-68, e Marcello Caetano, *Manual de Direito Administrativo,* vol. I, p. 581, que defendia a autonomização como administrativos apenas dos contratos que "tivessem uma razão intrínseca justificativa do regime especial" a que desse modo eram submetidos. Este ponto, que, a nosso ver, se reveste, nesta matéria, de crucial importância, é assumido de forma lapidar por Ariño Ortiz, *Lecciones de Administración (y Políticas Públicas),* pp. 490 segs., que, no contexto da circunstanciada análise a que procede a partir das origens históricas da figura do contrato administrativo em França e em Espanha, faz notar que as razões que determinaram a diferenciação de foro que esteve na génese do surgimento da figura radicaram no reconhecimento da importância política para a vida do Estado e da sociedade de certos específicos tipos de contratos, que não se compadecia com a sua submissão à rigidez e ao sistema de garantias próprio dos contratos privados, mas exigia um regime de proteção especial. É por este motivo que, como assinalávamos atrás, o contrato administrativo não é a regra, mas a exceção, determinada por razões que justifiquem ou imponham a qualificação como tal de certos tipos de contratos: como assinalam Richer/Lichère, *Droit des Contrats Administratifs,* p. 89 (e também, v.g., 108), "o contrato é administrativo porque deve relevar de um regime de direito público", pelo que "o regime aplicável é determinante no raciocínio" da qualificação; cfr. também Gonod/Melleray/Yolka, *Traité de Droit Administratif,* pp. 237 e 226, que, nessa mesma perspectiva, fazem notar a relevância explicativa e justificativa, em França, dos critérios jurisprudenciais de qualificação dos contratos administrativos, assumindo que «é porque um contrato apresenta certas especificidades, corresponde a certos critérios, que ele deve relevar do juiz e do direito administrativo».
Como assinala *Gaspar Ariño* na obra citada, esta circunstância explica, desde logo, que tenha sido por razões decorrentes da específica conjuntura política existente tanto em França como em Espanha que contratos como os de alienação do património público tenham sido, logo no Século XIX, submetidos, nesses Países, ao foro do tribunal administrativo e, por essa via, administrativizados por expressa determinação legal (quando tal, acrescente-se, não sucedeu em países como a Alemanha). Com o que o Autor conclui, na p. 494, que «o contrato administrativo *não é uma natureza essencial,* mas uma categorização ou qualificação jurídica circunstancial. É inútil, portanto, pretender determinar a essência do contrato administrativo em abstrato. A qualificação jurídica de um contrato será variável na sua ex-

14. A nosso ver, as opções que presidiram à definição, no Título I da Parte III do CCP, do regime substantivo pretendidamente geral do contrato administrativo partiram de uma concepção autoritária do Direito Administrativo para a configuração de um regime autoritário do contrato administrativo, centrado na preocupação de investir a Administração na titularidade de um estatuto de autoridade no âmbito das suas relações contratuais.

Com efeito, é, a nosso ver, incontroverso que o regime do Título I da Parte III do CCP assenta numa matriz autoritária, radicada no entendimento de que, como a razão primacial da existência do Direito Administrativo reside na necessidade de dotar a Administração de instrumentos de autoridade, o sentido da qualificação de contratos como administrativos deve assentar no propósito de submeter os contraentes privados, no âmbito da relação contratual, a um estatuto de sujeição ou subordinação, ao qual corresponde um estatuto de supremacia jurídica do contraente público[72].

O regime dos contratos administrativos que o CCP consagra no Título I da sua Parte III filia-se, assim, numa matriz autoritária, dirigida a conferir ao contraente público um estatuto de supremacia jurídica no âmbito da relação contratual. E tem, por isso, subjacente o entendimento paradigmático de que o contrato administrativo só pode servir eficientemente a prossecução do interesse público se lhe for associado um regime normativo baseado na instituição de relações de poder e sujeição entre o contraente público e o seu cocontratante[73].

tensão e mudará com o tempo, pois estará vinculada ao entorno ideológico ou político do momento. Aquelas prestações ou operações jurídicas de tipo contratual que têm uma importância preponderante para o interesse público num momento dado [...] serão qualificadas como administrativas". Na mesma senda, como já atrás foi referido, cfr. Meilán Gil, *La estructura de los contratos públicos,* pp. 76 segs., e M. J. Estorninho, *Curso de Direito dos Contratos Públicos,* pp. 207 segs.; e também Spyridon Flogaïtis, *Les contrats administratifs,* pp. 144-145 e 149-150.

[72] Assinalando que a construção francesa das prerrogativas do contraente público no âmbito da relação contratual administrativa radica na construção do Direito Administrativo como o Direito da Administração, como *potentior persona,* titular de prerrogativas ou privilégios, em cujo núcleo se encontra "a ideia de poder, a *puissance publique*", cfr. Meilán Gil, "Las prerrogativas de la Administración en los contratos administrativos: propuesta de revisión", pp. 18-20.

[73] Assinalando, em sentido crítico, que o CCP consagrou no Título I da sua Parte III "um regime de máxima autoridade, construído à luz do paradigma dos contratos de colaboração

Esta concepção assenta, a nosso ver, numa visão redutora e ultrapassada do Direito Administrativo, indissociável de uma visão redutora e ultrapassada do contrato administrativo, na linha daquela que presidiu ao modelo de tipicidade que, como vimos, entre nós vigorou durante o período do Estado Novo, assente no modelo do contrato de colaboração subordinada. Por conseguinte, essa concepção está ligada e é adequada a um entendimento do contrato administrativo como uma figura de

ou de atribuição subordinada, em que estão em causa tarefas administrativas", cfr. VIEIRA DE ANDRADE, "A propósito do regime do contrato administrativo no Código dos Contratos Públicos", in *Estudos de Contratação Pública,* vol. II, Coimbra, 2009, pp. 19-20. Como já foi referido, a propósito da evolução do ordenamento jurídico português sobre a matéria em análise, o CCP assume, na verdade, neste ponto, tal como em diversos aspetos do regime do Título I da sua Parte III, uma visão clássica marcadamente autoritária do contrato administrativo que, à época, encontrara expressão, na recente doutrina nacional, na obra de PEDRO GONÇALVES, *O contrato administrativo,* que, embora partindo de um conceito amplo e heterogéneo de contrato administrativo, assumia: *1º)* que o modelo que adoptava para analisar a relação jurídica contratual administrativa era o do clássico contrato administrativo de colaboração (subordinada); *2º)* que "a marca essencial ou decisiva do regime substantivo do contrato administrativo reside no facto de a Administração estar colocada numa posição de *supremacia jurídica* sobre o seu contratante, transportando assim para o interior do contrato a autoridade que geralmente lhe está associada"; *3º)* que o reconhecimento ao contraente público de um estatuto de supremacia jurídica no âmbito da relação contratual "só é uma exigência inequívoca nos *contratos de objeto público* que são os contratos que nós consideramos *administrativos por natureza*", já que nos outros contratos administrativos, que resultam de "uma *extensão* do regime *próprio* ou *natural* do contrato administrativo", "sem grave prejuízo para o interesse público, a vida deles pode ser regulada nos termos gerais do direito dos contratos"; *4º)* e, por conseguinte, que os designados *contratos administrativos paritários* "não preenchem, em geral, os requisitos da autonomia substantiva do contrato administrativo", porque, neles, "a autonomia substantiva não é de facto visível, sendo por isso nulos ou reduzidos os traços de regime substantivo que os distinguem dos contratos de direito privado" (cfr. *O contrato administrativo,* pp. 36, 64 e 101-105). E, na verdade, nesta perspectiva se compreendia o regime do Título I da Parte III do CCP, no contraponto que, na redação originária do Código, estabelecia entre o artigo 338º (respeitante aos contratos interadministrativos paritários, que eram excluídos do âmbito de aplicação do referido regime) e os artigos que o precediam (respeitantes aos contratos entre entidades públicas e particulares, e, portanto, como tal todos eles entendidos, sem diferenciações entre si, como contratos de sujeição dos particulares à autoridade das entidades públicas). Pelo contrário, para a concludente refutação da doutrina clássica segundo a qual "a desigualdade das partes constitui um elemento fundamental da própria noção de contrato administrativo", a partir do reconhecimento de que essa doutrina se limitava a descrever a prática da época (já remota) em que foi historicamente construída, cfr. SPYRIDON FLOGAÏTIS, *Les contrats administratifs,* pp. 132 segs..

âmbito limitado, ao lado da qual subsiste um vasto espaço para contratos de direito privado da Administração.

Com efeito, numa perspetiva que coloque o acento tónico da qualificação dos contratos como administrativos na atribuição de poderes de autoridade ao contraente público, é natural que só se qualifiquem como administrativos os contratos em que se justifique ou imponha imputar à Administração um estatuto de supremacia jurídica e aos seus cocontratantes o correspondente estatuto de sujeição, e, portanto, que se atribua um âmbito limitado à figura do contrato administrativo, ao lado da qual subsista um espaço relevante para os contratos de direito privado da Administração.

Na verdade, num Estado de Direito democrático, não pode deixar de partir-se, de harmonia com o quadro constitucional, do pressuposto da liberdade dos cidadãos perante o Poder Público para se assumir que a titularidade de poderes de autoridade não é um atributo inerente às entidades públicas, que, por natureza e definição, tenha de caracterizar todas as relações jurídicas em que elas tomem parte, mas um atributo que há de decorrer de opções deliberadas do legislador, nos domínios em que existam razões válidas que as justifiquem[74].

A nosso ver, inscreve-se nesta linha de pensamento a ideia fundamental que presidiu à delimitação tradicional do âmbito das figuras do contrato administrativo e do contrato de direito privado da Administração: a ideia de que a função normal da utilização do instrumento contratual pela Administração, fora dos domínios em que o contrato tenha, ele próprio, por objeto o exercício de poderes públicos ou em que as exigências decorrentes do interesse público imponham a necessidade de o submeter a um regime específico de Direito Administrativo que lhe outorgue poderes de autoridade no âmbito da relação contratual, era a da constituição de relações paritárias, em que não se justificaria que o contraente público fosse investido num estatuto especial de supremacia e que, por isso, eram submetidas ao Direito privado.

[74] Como recorda SÉRVULO CORREIA, *Legalidade e autonomia contratual no contrato administrativo*, p. 491, este entendimento já era, aliás, assumido entre nós, no próprio contexto anterior ao da instituição do regime democrático, por *Marcello Caetano*, para quem "a zona de atividade não atribuída aos órgãos administrativos corresponde ao domínio da liberdade dos administrados".

E, pela nossa parte, não podemos deixar de concordar com as premissas em que assenta este raciocínio. Na verdade, a titularidade de poderes de autoridade pelo contraente público no âmbito das suas relações contratuais deve fundar-se em critérios materiais aptos a justificá-la. É isso que, na tradição francesa (para já não falar da alemã ou da italiana), justifica a *excecionalidade* do contrato administrativo – afinal, a *excecionalidade* de uma peculiar figura que, sendo um contrato, assenta num esquema desnivelado de relacionamento entre as partes. Com efeito, se há domínio privilegiado para a constituição de *relações jurídicas paritárias* entre a Administração e os particulares, no âmbito das quais aquela não se encontra perante eles investida na titularidade de um estatuto de supremacia jurídica, esse domínio é o das relações contratuais. Por isso, num Estado de Direito democrático, as relações contratuais da Administração devem ser, por regra, relações paritárias. E daí a tradicional configuração do contrato administrativo como uma figura de âmbito limitado: na medida em que seja entendido e, por isso, configurado como um instrumento de poder, como o faz o CCP, faz, na verdade, sentido que o contrato administrativo tenha um âmbito limitado, no confronto com os contratos de direito privado da Administração, constitutivos de relações jurídicas paritárias entre a Administração e os particulares[75].

Ora, à luz de tudo o que acaba de ser dito, o mínimo que, *brevitatis causa,* aqui podemos dizer é que nos parece contraditório o caminho que, na matéria em análise, o CCP optou por seguir, assumindo uma visão marcadamente autoritária, mas, ao mesmo tempo, muito abrangente do contrato administrativo – com o que diríamos que *lançou vinho velho em odres novos*, submetendo uma figura de contrato administrativo delimitada de modo abrangente a um regime autoritário, configurado em

[75] A nosso ver vão ao encontro deste entendimento posições como a de EUGENIO BRUTI LIBERATI, *Consenso e funzione nei contratti di diritto pubblico tra amministrazioni e privati,* Milão, 1996, pp. 68-69, que, rejeitando as teses que qualifica como pan-privatistas da atividade contratual da Administração (cfr. pp. 23 segs.), não deixa de assumir que "na base da especialidade de algumas relações contratuais entre Administrações e privados – na base, isto é, da categoria dos contratos de direito público e da particular disciplina dos mesmos – só pode estar hoje a exigência de fornecer uma proteção reforçada dos específicos interesses públicos confiados à cura da Administração contraente e envolvidos na relação. Só se e enquanto uma tal exigência efetivamente ocorra é possível, em via de reconstrução sistemática, derrogar as regras de direito comuns sobre os contratos".

função do paradigma tradicional do contrato administrativo de colaboração subordinada, de âmbito limitado.

Com efeito, o que, tal como sucedia no passado, seria, a nosso ver, coerente com a perspectiva autoritária das relações contratuais administrativas que, como vimos, o CCP assume seria a atribuição de um âmbito limitado à figura do contrato administrativo, em função dos contratos que efetivamente justificassem a submissão ao correspondente regime desnivelado, com o concomitante reconhecimento de um amplo espaço de utilização para os contratos de direito privado da Administração, que, à margem desse modelo, permitissem o relacionamento contratual da Administração com os particulares segundo um modelo paritário em todos os domínios em que a concreta configuração dos interesses em causa não exigisse que a entidade pública contratante fosse investida na titularidade de prerrogativas de poder público sobre o seu cocontratante. Como foi explicado, justificava-o, na verdade, a tradicional lógica francesa, da qual resultava, como vimos, que, salvo justificação em contrário, as relações contratuais da Administração com os particulares não tinham por que ser submetidas a um regime de Direito Administrativo, pelo que se regiam pelo direito privado.

Não foi essa, no entanto, a perspectiva adotada pelo CCP, que, pelo contrário, fez acompanhar o alargamento do âmbito da figura do contrato administrativo da manutenção, não só intocada, como até exacerbada, de uma matriz autoritária na definição do conteúdo do regime substantivo dos contratos administrativos. Ora, em nossa opinião, o resultado a que, deste modo, se chegou não pode deixar de ser qualificado como paradoxal, na medida em que, como foi dito, a matriz autoritária do regime dos contratos administrativos só fazia sentido no modelo descrito de *excecionalidade* do contrato administrativo, em que este era configurado como uma figura de âmbito limitado, nos termos que foram enunciados.

15. Em nossa opinião, o caminho que o CCP devia ter seguido era diametralmente oposto àquele que seguiu. Esse caminho devia partir da rejeição de uma concepção autoritária do Direito Administrativo para a rejeição de um regime autoritário do contrato administrativo, que o associe à necessária atribuição ao contraente público de um estatuto de autoridade sobre o cocontratante. E por isso era o caminho adequado a um entendimento do contrato administrativo como uma figura de âm-

bito alargado, ajustado a uma visão moderna do quadro das relações contratuais da Administração com os particulares.

É geralmente reconhecido e afirmado que, nos nossos dias, o Direito Administrativo não deve ser mais entendido, como o foi outrora, como um corpo de normas excepcionais, derrogatórias do Direito comum, que era o Direito privado, primacialmente dirigidas a investir as entidades públicas em prerrogativas de poder público, mas como o Direito comum da função administrativa[76], sendo nesse quadro de ideias que se inscreve o princípio, já atrás enunciado, de que os contratos celebrados pela Administração nunca são iguais aos contratos celebrados entre privados, estando todos submetidos, em maior ou menor medida, a normas de Direito Administrativo[77].

Ora, a nosso ver, o abandono da tradicional concepção autoritária do Direito Administrativo, que o concebia como um instrumento dirigido a investir a Administração na titularidade de um estatuto de autoridade no âmbito das suas relações com os particulares, é indispensável, num Estado de Direito democrático, à efetiva afirmação do Direito Administrativo como o Direito comum da função administrativa, dirigido a regular a generalidade das relações jurídicas em que a Administração toma parte – na indispensável perspetiva de que estas relações não têm de ser necessariamente relações de autoridade, mas também podem e devem ser cada vez mais *relações jurídico-administrativas paritárias*, nos domínios em que não existam razões válidas que justifiquem investir a Administração na titularidade de prerrogativas de autoridade sobre os particulares.

[76] Em nosso entender, o Direito Administrativo não é, na verdade, apenas o Direito comum da Administração Pública, que, como tal, se aplica a todas as formas de atuação das pessoas coletivas de direito público, mas é o Direito comum da função administrativa, também aplicável à atuação de entidades de outra natureza, na medida em que exerçam a função administrativa: cfr. Mário Aroso de Almeida, *Teoria Geral do Direito Administrativo*, 4ª ed., Coimbra, 2017, pp. 25 segs.. Para o efeito que interessa ao ponto aqui em análise, não é, em todo o caso, relevante a diferença de opinião em relação àqueles que pelo menos partem do entendimento, que parece corresponder ao mínimo denominador comum na doutrina, de que o Direito Administrativo é o Direito comum da Administração Pública (cfr., v.g., Paulo Otero, *Legalidade e Administração* Pública, p. 811, com outras referências; Ariño Ortiz, *Lecciones de Administración (y Políticas Públicas)*, pp. 503-505; Meilán Gil, *Categorias jurídicas en el Derecho Administrativo*, p. 17).

[77] Cfr. M. J. Estorninho, "O projeto de revisão do CPTA e os contratos da Administração Pública", *Cadernos de Justiça Administrativa* nº 101, p. 46; Paulo Otero, *Direito do Procedimento Administrativo*, p. 351.

Em nossa opinião, o Direito Administrativo deve ser capaz de fornecer o adequado enquadramento normativo a toda a atividade administrativa, incluindo nos domínios em que não se justifique a atribuição ao contraente público de prerrogativas de autoridade, mas que nem por isso têm (por) que ser necessariamente qualificados como de direito privado.

Este caminho implica a ampliação do universo dos contratos submetidos a regimes próprios de Direito Administrativo, com a concomitante restrição do âmbito dos contratos de direito privado da Administração. E é, por isso, compatível com o alargamento do âmbito da figura do contrato administrativo – e, porventura, em última análise, com a própria qualificação como administrativos, se se quiser, da generalidade dos contratos da Administração (ainda que com a natural ressalva dos domínios em que o próprio Direito Administrativo entenda optar por remeter expressamente certas modalidades de atuação administrativa para regimes de Direito privado, ainda que mais ou menos administrativizados).

Mas tal caminho supõe necessariamente que o alargamento da figura do contrato administrativo seja acompanhado, no plano da definição dos regimes jurídicos a aplicar às diferentes categorias de contratos abrangidos, pela superação da matriz autoritária que define o contrato administrativo por referência à titularidade pelo contraente público de prerrogativas de autoridade, pois só nessa condição pode, a nosso ver, a figura do contrato administrativo, sem distorções, cobrir, em maior ou menor extensão, o espaço dos contratos de direito privado da Administração, que corresponde às relações contratuais no contexto das quais não se justifica investir a Administração em poderes de autoridade.

Ou seja, o caminho em referência pressupõe que à figura do contrato administrativo não se faça corresponder o regime pretensamente unitário, centrado na atribuição de poderes de autoridade aos contraentes públicos, que foi historicamente concebido para a tradicional figura do contrato administrativo de colaboração subordinada, de âmbito limitado, mas regimes diferenciados, adequados ao universo alargado de contratos que a figura deve comportar no seu seio, de modo a tornar-se apto a regular (também) as relações contratuais paritárias da Administração com os particulares. Muito longe vão, na realidade, os tempos de *Otto Mayer,* em que "quase existiam apenas ou relações nascidas de atos de *imperium,* ou relações de modo geral equiparáveis, por semelhantes, às existentes entre particulares"[78]. Proliferam, na realidade, hoje as modalidades de relações contratuais às quais, mesmo sem envolverem a constituição de relações de supremacia da Administração sobre os particulares, não pode nem deve ser negado o qualificativo de administrativas.

A nosso ver, esta é, na verdade, a resposta que o Direito Administrativo deve dar à argumentação pertinente que é desenvolvida pelas teses ditas pan-privatistas das relações contratuais administrativas[79]. Com efeito, a rejeição de uma visão necessariamente autoritária das relações da Administração com os particulares não tem de passar pela aplicação do Direito privado às relações contratuais da Administração mas pela efetiva regulação pelo Direito Administrativo de um universo cada vez mais alargado de relações paritárias da Administração com os particulares: no pressuposto de que, nos nossos dias, prossecução do interesse público não se confunde necessariamente com exercício de autoridade e, por conseguinte, de que as regras de Direito Administrativo não têm necessariamente de ter "o escopo prioritário de perpetuar a supremacia da Administração nas relações com os privados, mas o de lhe assegurar o carácter de *função*", pelo que só devem outorgar prerrogativas de poder à Administração na estrita medida do indispensável à garantia da prossecução do interesse público[80].

Ora, a esta luz, afigura-se justificado reconhecer que o CCP deu um passo determinante no sentido, que nos parece correto, da consagração, no ordenamento jurídico português, do entendimento de que a generalidade da atividade administrativa se deve reger pelo Direito Administrativo e, por conseguinte, de que a generalidade dos contratos que a Administração celebra devem ser submetidos a regimes próprios de Direito Administrativo. E, pela nossa parte, subscrevemos essa orientação.

Mas, para que o passo fosse consequente e sustentado, teria sido, a nosso ver, necessário que ele tivesse sido acompanhado do reconhecimento de que, num contexto de alargamento da figura, as diferentes categorias de contratos administrativos não devem ser genericamente

[78] Cfr., a propósito, a circunstanciada análise de Melo Machado, *Teoria jurídica do contrato administrativo*, pp. 64 segs..

[79] Para uma descrição crítica destas teses na doutrina italiana, cfr. Eugenio Bruti Liberati, *op. cit.*, pp. 23 segs..

[80] Cfr. Eugenio Bruti Liberati, *op. cit.*, pp. 31-32 e 68-69.

submetidas a um regime comum monolítico, configurado em função de um único modelo paradigmático, persistentemente assente numa matriz marcadamente autoritária[81].

16. Do exposto resulta que, a nosso ver, é desejável que se extraiam todas as consequências da afirmação do Direito Administrativo como o Direito comum das relações jurídicas contratuais que envolvem as entidades públicas entre si e com particulares. E, nesse quadro de ideias, não veríamos obstáculo à expansão da figura do contrato administrativo, no quadro de um entendimento que apenas reconhecesse às entidades públicas uma capacidade de direito público, fundada no Direito Administrativo, e do qual, por conseguinte, resultasse que, por regra, os contratos da Administração seriam todos administrativos, só podendo ser de direito privado quando tal excecionalmente resultasse de norma expressa de Direito Administrativo nesse sentido[82].

Mas esse alargamento tendencialmente omnicompreensivo da figura do contrato administrativo teria de passar pela substituição da lógica

[81] No mesmo sentido, cfr. VIEIRA DE ANDRADE, "Princípio da legalidade e autonomia da vontade na contratação pública", pp. 68-69, e, por último, "A propósito do regime do contrato administrativo no Código dos Contratos Públicos", pp. 11-12 e 19-20, onde defende que o regime do Título I da Parte III do CCP, por adotar como fator decisivo para a definição do regime do contrato administrativo a circunstância de se tratar de "um contrato desigual", só deveria ter sido configurado para os contratos de subordinação, e não para os contratos em que o cocontrante desenvolve atividades no exercício de liberdades ou autonomias constitucionalmente consagradas, mas que interessam ao contraente público. Já na mesma linha, SÉRVULO CORREIA, *Legalidade e autonomia contratual no contrato administrativo,* p. 737, defendia que a incidência dos princípios do contrato administrativo sobre cada tipo de contrato não devia ser necessariamente a mesma. No dizer de PATRICK BIRKINSHAW, "Contrats publics et contractualisation de l' action publique: un point de vue anglais", *Revue Française de Droit Administratif* 2006, p. 1035, "a matéria do contrato não é monolítica: distinguem-se os contratos de relacionamento a longo prazo, os contratos correntes, os contratos de consumo, os contratos comerciais, as concessões, etc.".

[82] Nessa perspectiva parece apontar o entendimento de que o Direito Administrativo tem a prerrogativa de definir os termos e os limites em que a atividade de gestão privada da Administração se pode desenvolver, que é assumido por FREITAS DO AMARAL, *Curso de Direito Administrativo,* vol. I, pp. 123 e 133, e PAULO OTERO, *Direito do Procedimento Administrativo,* pp. 348 e 354. E era neste pressuposto que, a nosso ver, SÉRVULO CORREIA, *Legalidade e autonomia contratual no contrato administrativo,* pp. 405-406, defendia uma presunção da natureza administrativa dos contratos da Administração com objeto passível de contrato de direito privado.

autoritária subjacente ao Título I da Parte III do CCP por outra, em que fosse assumido que as relações contratuais administrativas não têm de ser necessariamente caracterizadas pela atribuição ao contraente público de um estatuto de supremacia – ou seja, pela adoção, como foi atrás preconizado, de uma nova concepção do Direito Administrativo, como verdadeiro Direito Administrativo comum da função administrativa, próprio de um Estado de Direito democrático do século XXI, que o libertasse do paradigma autoritário das prerrogativas de autoridade da Administração[83].

17. Há, entretanto, dois aspetos que, a nosso ver, não relevam para a análise e discussão da questão a que acabamos de nos referir, mas que, porque têm vindo a ser chamados à colação a seu respeito, importa ainda referir neste contexto.

O primeiro desses aspetos diz respeito à evolução por que passou o Direito europeu da contratação pública, evidenciada nas recentes Diretivas de 2014, no sentido de estender o seu âmbito de regulação a aspetos atinentes ao regime de execução dos contratos públicos, no que toca à imposição de limites às modificações de que eles poderão ser objeto.

É hoje reconhecido que, por força dessa evolução, o Direito europeu da contratação pública deixou de se limitar a disciplinar os procedimentos de formação dos contratos públicos que têm por objeto prestações que são ou podem ser sujeitas à concorrência de mercado, para passar também a compreender regras disciplinadoras do quadro das próprias relações contratuais.

Ora, a partir do momento em que o facto de os contratos públicos serem submetidos a regras de contratação pública passou a ter implicações de regime ao nível da respetiva execução, desapareceu o corte radical que era tradicionalmente estabelecido entre o regime de formação e o regime de execução dos contratos públicos. E, por conseguinte, deixou de ser possível conceber a existência de contratos públicos quanto

[83] Em nossa opinião, o que, na realidade, sucede no domínio aqui em análise é que, em pleno século XXI, ainda aguardamos a libertação do paradigma autoritário oitocentista indispensável à elaboração científica de um *"novo Direito"*, o novo Direito Administrativo do Estado que não se posiciona perante a sociedade somente como Soberano, que, já no dealbar do século XX, *Santi Romano* apontava como necessária (cfr. MELO MACHADO, *Teoria jurídica do contrato administrativo*, pp. 70-71).

ao respetivo regime de contratação que sejam estritamente de direito privado quanto ao respetivo regime de execução, na medida em que os contratos públicos de regime administrativo quanto ao respetivo procedimento de formação passaram também a sê-lo quanto ao respetivo regime de execução (e de invalidade)[84].

Cumpre, porém, notar que o objeto primacial de regulação do Direito europeu da contratação pública ainda hoje continuam a ser os procedimentos de formação dos contratos públicos, sendo de âmbito circunscrito os aspetos em que as próprias Diretivas de 2014 se referem a aspetos relativos à execução dos contratos públicos, e apenas na medida em que isso se revela necessário, pela estreita conexão dos aspetos em causa com os regimes da contratação pública e, portanto, com a defesa dos valores que aqueles regimes visam proteger[85].

Não se pretende com isto negar a *orientação estratégica* que o Direito Europeu hoje se propõe imprimir às regras de contratação pública que produz, mas apenas notar que, mesmo nesse plano, do que continua a

[84] Cfr. M. J. Estorninho, *Curso de Direito dos Contratos Públicos*, pp. 316 segs.; Assis Raimundo, *A formação dos contratos públicos*, pp. 117 segs. e 124 segs.; Pedro Gonçalves, *Direito dos Contratos Públicos*, pp. 68-69 e 435-436.

[85] Como faz notar Mario E. Comba, "Principles of EU law relevant to the performance of public contracts", in Martin Trybus/Roberto Caranta/Gunilla Edelstam, *EU Public Contract Law – Public procurement and beyond*, Bruxelas, 2013, p. 318, já anteriormente à aprovação das Diretivas de 2014 era sabido que havia casos de "ultra-atividade" ou de "força expansiva", mediante os quais o Direito europeu da contratação pública se projetava sobre a fase de execução dos contratos, do que a jurisprudência *Pressetext* era exemplo ilustrativo. Por conseguinte, as Diretivas de 2014 só vieram regular a execução dos contratos públicos, em defesa dos valores da contratação pública, nas dimensões em que, de acordo com a jurisprudência do Tribunal de Justiça, já anteriormente era reconhecido que se projetava a referida «ultra-atividade». Na mesma linha, cfr. Pedro Gonçalves, *Direito dos Contratos Públicos*, p. 66, e Cláudia Viana, *Os princípios comunitários na contratação pública*, Coimbra, 2007, pp. 246-247, reconhecendo que "a europeização dos contratos públicos incide fundamentalmente nas fases da preparação e adjudicação dos contratos, mas vai mais longe, atingindo o contrato e a sua execução, se isso for necessário – e apenas na medida do necessário – para garantir o cumprimento da legalidade pré-contratual e a liberalização no espaço europeu". No dizer de Meilán Gil, "Las prerrogativas de la Administración en los contratos administrativos: propuesta de revisión", p. 27, "a Diretiva europeia sobre contratos públicos não se pronuncia sobre as prerrogativas [do contraente público no âmbito das relações contratuais administrativas]. Presta a sua atenção à seleção do contratante e só entra na execução do contrato quando [esta] possa incidir naquela». Cfr. também Richer/Lichère, *Droit des Contrats Administratifs*, p. 45; Gonod/Melleray/Yolka, *Traité de Droit Administratif*, p. 260.

tratar-se é, no essencial, de *regular a contratação pública e não as relações contratuais públicas em todos os seus aspetos:* mesmo na mais recente das suas versões, o Direito europeu da contratação pública continua, pois, no essencial, a limitar-se a regular os procedimentos que as entidades públicas administrativas (e entidades equiparadas) devem observar quando pretendam dirigir-se ao mercado para adquirir bens ou serviços ou convocar a colaboração de particulares no desenvolvimento da sua atividade, sem ter, no essencial, por objeto disciplinar os termos em que se processam as relações que entre as partes se desenvolvem, a partir do momento em que os contratos são celebrados[86].

Por conseguinte, quando o Direito europeu da contratação pública estende, como foi dito, o seu âmbito de regulação a aspetos atinentes ao regime de execução dos contratos públicos, isso apenas sucede em relação a certos aspetos de regime, como a imposição de limites à modificabilidade dos contratos durante o seu período de execução, em que isso se revela necessário para defesa dos valores que os regimes da contratação pública visam proteger, e, portanto, a título instrumental em relação àquela que é a função primacial do Direito europeu da contratação pública, que é a de disciplinar o modo de formação dos contratos a que se refere[87]. Como é evidente, daí não resulta, pois, que todos os demais aspetos atinentes à execução dos contratos em causa devam, por esse facto, ser submetidos a um regime unitário – e muito menos a um regime com o conteúdo daquele que, entre nós, o CCP entendeu consagrar no Título I da sua Parte III[88].

A circunstância referida impõe a submissão dos contratos públicos que têm por objeto prestações que são ou podem ser sujeitas à concorrência de mercado a certas regras respeitantes ao seu regime substantivo que decorrem do Direito europeu da contratação pública. Mas daí

[86] Cfr., v.g., Martin Trybus, "Public contracts in European Union internal market law: foundations and requirements", in Rozen Nogellou/Ulrich Stelkens (eds.), *Droit Comparé des Contrats Publics,* p. 81; Michel Fromont, *Droit administratif des États européens,* p. 303; Xavier Bezançon, "Typologie, contenu et droit comparé des contrats publics", *Revue du marché unique européen* nº 3, 1999, p. 65; Meilán Gil, *Categorias jurídicas en el Derecho Administrativo,* p. 144.

[87] Cfr. Richer/Lichère, *Droit des Contrats Administratifs,* p. 45; Gonod/Melleray/Yolka, *Traité de Droit Administratif,* p. 260. Na mesma linha, cfr. Pedro Gonçalves, *Direito dos Contratos Públicos,* p. 66.

[88] Nesse sentido, cfr. Assis Raimundo, *A formação dos contratos públicos,* p. 127.

não resulta a necessidade da qualificação de todos esses contratos, à face do ordenamento interno português, como administrativos e, muito menos, a sua submissão, no seu conjunto, a um regime como aquele que, no seu conjunto, o Título I da Parte III do CCP estabelece para estes contratos.

Como é evidente, nada, na realidade, no Direito europeu da contratação pública o preconiza[89], pelo simples facto de que o Direito europeu da contratação pública se mantém persistentemente *neutro* em relação a esses aspetos, que não lhe dizem respeito e em relação aos quais, por isso, o legislador nacional dispõe da mais ampla liberdade de conformação[90-91].

[89] Neste preciso sentido, cfr. Yves Gaudemet, "Pour une nouvelle théorie générale du droit des contrats administratifs", p. 321. Como reconhece Assis Raimundo, *A formação dos contratos públicos*, p. 121, nota 225, o que resultou do Acórdão *Pressetext* foi que passou a existir um limite à modificação que é comum aos contratos administrativos e aos que o não são – diríamos nós, que é comum aos contratos do Direito europeu da contratação pública no seu conjunto, independentemente da sua qualificação ou não como administrativos pelos legisladores nacionais francês, espanhol e português.

[90] A título ilustrativo, veja-se, na verdade, que a submissão a regras de contratação pública não implicou, na Alemanha, a transformação dos contratos de compras públicas em contratos administrativos: cfr. Martin Burgi, *Vergaberecht*, Munique, 2016, p. 14; Hartmut Bauer, "Verwaltungsverträge" in Eberhard Hoffmann-Riem/Wolfgang Schmidt-Assmann//Andreas Vosskuhle, *Grundlagen des Verwaltungsrechts*, vol. II, 2ª ed., Munique, 2012, pp. 1215 segs.; Jost Pietzcker, "Die neue Gestaltung des Vergaberechts", *Zeitschrift für das gesamte Handelsrecht und Wirtschaftsrecht* vol. 162, pp. 427 segs.; Martin Burgi, "Von der Zweistufenlehre zur Dreiteilung des Rechtsschutzes im Vergaberecht", *Neue Zeitschrift für Verwaltungsrecht* 2007, pp. 737 segs.; Ulrich Stelkens, "Allemagne/Germany" in Rozen Nogellou/Ulrich Stelkens (eds.), *Droit comparé des contrats publics*, pp. 318-320; Michel Fromont, *Droit administratif des États européens*, pp. 314-315; e, na doutrina portuguesa, M. J. Estorninho, *Curso de Direito dos Contratos Públicos*, pp. 241-242; José Azevedo Moreira, "A bipartição do direito alemão da contratação de compras públicas", *Revista de Contratos Públicos* nº 5, pp. 69 segs.. E o mesmo se diga do direito italiano: cfr., por todos, Roberto Caranta, *I Contratti Pubblici*, pp. 39-41. Na síntese de Gaspar Ariño Ortiz, in *Revista de Administración Pública* nº 187, p. 412, "as diretivas sobre contratos públicos vieram unificar não poucas disparidades dos Direitos nacionais, especialmente no caso da Alemanha e Reino Unido. Sem embargo, não convém exagerar. A realidade é que à União Europeia o único que interessa é garantir a unidade de mercado e a livre e leal concorrência nele. Por isso, as diretivas não afetam as regras de fundo dos contratos, mas só a sua preparação e adjudicação, que passam a ser procedimentos vinculantes de natureza pública e não podem estar regulados por meras circulares internas ou instruções de serviço". Foi esta a transformação que as Diretivas introduziram no Direito alemão, e, mesmo assim, só para os contratos de valor superior aos limiares comunitários.

18. O segundo aspeto a referir neste contexto tem que ver com argumentos que, de forma um tanto ligeira e apressada, têm vindo a ser extraídos do direito comparado, em defesa do regime do Título I da Parte III do CCP e da sua extensão à generalidade dos contratos públicos[92]. Na verdade, cumpre, quanto a esse aspeto, notar que, do nosso ponto de vista, no sentido da submissão, no nosso ordenamento jurídico, de todos os contratos públicos ao regime do Título I da Parte III do CCP, não pode ser invocada a tendência generalizada, mesmo no mundo anglo-saxónico, para o reconhecimento da necessidade de se submeterem certos contratos celebrados por entidades públicas a regimes substantivos próprios, de conteúdo diferenciado daqueles que são aplicáveis aos contratos privados, que leva alguns a ver aí algo de semelhante à consagração da figura do contrato administrativo de matriz francesa. Com efeito, dessa tendência não resulta nada de semelhante com a submissão da generalidade dos contratos públicos a um regime com a configuração daquele que, em França, corresponde ao contrato administrativo e, muito menos, daquele que, entre nós, resulta do Título I da Parte III do CCP.

É verdade que tende, hoje, a ser reconhecido em diferentes ordenamentos jurídicos, não só da Europa continental, como também do mundo anglo-saxónico – e, em particular, nas últimas décadas, com a generalização, nos mais diversos domínios, do fenómeno da delegação do exercício de funções públicas em privados – que as necessidades próprias que o interesse público coloca em quadrantes específicos da ati-

[91] Afigura-se, aliás, curioso notar que, no Direito francês, a circunstância de o Direito europeu da contratação pública se aplicar indiferenciadamente, dentro do seu âmbito próprio de aplicação, a contratos administrativos e a contratos de direito privado da Administração, sem se preocupar com as conceções nacionais relativas à distinção entre direito público e direito privado, é vista como pondo em causa essa distinção, mas para o efeito de legitimar dúvidas sobre o sentido da autonomização da figura do contrato administrativo, num contexto em que essa autonomização tende a ser questionada: cfr. Richer/Lichère, *Droit des Contrats Administratifs*, pp. 44-45; Georges Dupuis/Marie-José Guédon/Patrice Chrétien, *Droit Administratif*, 11ª ed., Paris, 2009, p. 358.

[92] A título paradigmático, veja-se a conclusão a que, no propósito de justificar as soluções extremadas que, no nosso ordenamento jurídico, foram consagradas pelo CCP, chega Pedro Gonçalves, *Direito dos Contratos Públicos*, p. 449, no termo da breve exposição a que procede, a pp. 434 segs., sobre o que qualifica como "contrato administrativo no direito estrangeiro".

vidade contratual pública exigem respostas diferenciadas daquelas que resultam da pura aplicação do regime comum dos contratos privados[93].

Nesse sentido, o direito comparado permite identificar a existência, em diferentes ordenamentos jurídicos, de soluções próprias, dirigidas a dar resposta a necessidades específicas que são colocadas por certas categorias de contratos públicos – com o que se pode dizer que, na generalidade dos ordenamentos jurídicos, é possível identificar fenómenos de diferenciação de regimes para certas categorias de contratos, em razão da sua relevância pública. E, por outro lado, é de admitir que ordenamentos jurídicos como o britânico teriam vantagem em evoluir no sentido de encontrar resposta para problemas específicos que, designadamente, colocam contratos como os de delegação de funções públicas[94].

[93] Não pode deixar, no entanto, de notar-se que alguns problemas que, no mundo anglo-saxónico, se têm colocado a propósito dos contratos públicos dizem respeito a contratos através dos quais a Administração se compromete quanto aos termos em que irá proceder ao exercício dos seus poderes: veja-se, em particular, a jurisprudência *Amphitrite,* no Direito inglês, e as consequências que dela têm sido extraídas, à luz da chamada *"no fettering rule"* (sobre este ponto, cfr. M. J. Estorninho, *Curso de Direito dos Contratos Públicos,* pp. 203-206; Mark Kirkby, *Contratos sobre o exercício de poderes públicos,* pp. 86 segs., *maxime* 104; e, por último, Jorge Alves Correia, *Contrato e Poder Administrativo,* pp. 435 segs.; e, na mesma linha, veja-se o enquadramento que, numa perspectiva de direito comparado, a esta jurisprudência é dado por J. B. Auby, "Comparative approaches to the rise of contract in the public sphere", pp. 52-53, e Mahendra P. Sing, *German Administrative Law in Common Law Perspective,* Berlim, 2001, pp. 102-103 e 106, com outras referências). Ora, como este tipo de contratos – que, no ordenamento jurídico português, se enquadram na categoria dos *contratos sobre o exercício de poderes públicos* – não é admitido no Direito francês, pelo que não se enquadra na figura do *contrato administrativo* francês, não é possível encontrar na *teoria francesa do contrato administrativo* resposta para os problemas que a seu respeito se colocam. Por conseguinte, quando, nesses países, a doutrina identifica a necessidade de encontrar soluções de Direito público para esses problemas, do que se trata não é de defender a adoção da teoria francesa do contrato administrativo.

[94] Este ponto tem vindo a ser assinalado na doutrina anglo-saxónica: cfr., em geral, Mark Freedland, "Government by contract and public law", *Public Law* 1994, pp. 86 segs., e "Government by Contract Re-examined – Some functional issues", in *Law and Administration in Europe – Essays in Honour of Carol Harlow,* Oxford, 2003, pp. 132 segs.; e, em particular os textos de Anne C. L. Davies, "English law's treatment of government contracts: the problem of wider public interests", in Mark Freedland/Jean-Bernard Auby (eds.), *The Public Law/ /Private Law Divide – Une entente assez cordiale?,* Oxford, 2006, pp. 113 segs., e "Le droit anglais face aux contrats administratifs: en l' absence de principes généraux garantissant l' intérêt public, une maison sans fondation?", *Revue Française de Droit Administratif* 2006, pp. 1039 segs.. E, nesta medida, subscrevemos, pois, considerações como as de Ariño Ortiz, *Leccio-*

O que, no entanto, sucede é que as soluções que, no que diz respeito ao regime substantivo dos contratos públicos, é possível identificar no direito comparado apresentam contornos diferenciados de ordenamento jurídico para ordenamento jurídico; que, em cada ordenamento jurídico, elas não valem para todos os contratos celebrados pelas entidades públicas, independentemente do objeto e relevância de que eles se revistam; e que, de um modo geral, elas não são indiscriminadamente impostas por lei, sem atender ao tipo de contrato em causa e às necessidades que ele coloca[95]. Pelo contrário: por regra, a salvaguarda das exigências de interesse público é assegurada, na maioria dos ordenamentos

nes de Administración (y Políticas Públicas), pp. 502-503, que, ao defender que certos aspetos do regime francês do contrato administrativo dão resposta mais adequada do que o Direito privado a problemas específicos como o da compensação dos privados em situações de *fait du prince,* nos parecem lúcidas, indo ao encontro das teses defendidas nos textos doutrinais referidos.

[95] Na verdade, deixando de lado os casos francês, espanhol e português, os exemplos que, no essencial, são apontados de publicização dos contratos públicos no direito comparado dizem, em primeira linha, respeito ao caso muito particular dos Estados Unidos da América, em que foi autonomizada a figura dos *Government contracts* e existe vasta regulação normativa e cláusulas *standard* de inclusão obrigatória em certos contratos, que se admitem como implícitas quando omitidas no respetivo clausulado. Como nota Patrick Birkinshaw, "Contrats publics et contractualisation de l' action publique: un point de vue anglais", pp. 1015-1017, não existe, entretanto, no Reino Unido uma teoria dos contratos públicos comparável àquela que emergiu nos Estados Unidos, mas apenas *condições contratuais tipo (Model conditions)* aprovadas para certos tipos de contratos pelo *Office of Government Commerce,* que as autoridades contratantes "are strongly encouraged to adopt [...] with any tailoring necessary to reflect individual circumstances, on a case by case basis": cfr. a circunstanciada análise comparativa de Paul Craig, "Specific powers of public contractors", in Rozen Nogellou/Ulrich Stelkens (eds.), *Droit Comparé des Contrats Publics,* pp. 173 segs., e os relatórios nacionais apresentados no mesmo livro por Joshua Schwartz, a respeito dos Estados Unidos da América, a pp. 613 segs., e por Paul Craig/Martin Trybus, a respeito da Inglaterra e País de Gales, a pp. 339 segs. e, especialmente, 349 segs.; e, na doutrina portuguesa, M. J. Estorninho, *Curso de Direito dos Contratos Públicos,* pp. 249 segs.. Sobre o modelo norte-americano, cfr. ainda John Whelan, *Understanding Federal Government Contracts,* Chicago, 1993; James Nagle, *A History of Government Contracting,* 3ª ed., 2 vols., Washington, 2012; Alberto Massera, "L' attività contratuale", pp. 190 segs. e 222 segs.; e, para uma interessante síntese da evolução do modelo até ao final dos anos 70, Ariño Ortiz, *Lecciones de Administración (y Políticas Públicas),* pp. 537 segs., mas com a ressalva de que este Autor extrapola conclusões extraídas da específica experiência do Direito norte-americano para uma realidade heterogénea que designa de "mundo anglo-saxónico", quando a verdade é que não se pode confundir o regime de Direito Administrativo que se formou nos Estados Unidos da América com o modelo britânico (assinalando também a diferença, cfr. Giulio Napoli-

jurídicos, através da introdução no clausulado dos contratos em que tal se justifique de cláusulas determinadas por esse propósito[96].

O máximo que, quanto a este ponto, é, assim, possível extrair do direito comparado neste domínio é que o enquadramento normativo das relações contratuais administrativas apresenta configurações variáveis, sendo, designadamente, variáveis as técnicas jurídicas utilizadas para conferir prerrogativas ao contraente público no âmbito da relação contratual e muito variável a extensão (no que diz respeito às categorias de contratos públicos abrangidas) e a intensidade (no que diz respeito ao conteúdo dos poderes que podem ser exercidos) com que essas prerrogativas são conferidas[97].

Não pode deixar, pois, de ser reconhecida a diferença que separa os fenómenos de diferenciação de regimes que é possível identificar, em alguns ordenamentos jurídicos, para certas categorias de contratos públicos, daquele que resulta da teoria francesa do contrato administrativo e, por maioria de razão, do regime substantivo que o CCP estabelece para o contrato administrativo[98]. E, em particular, de ser notado que a

TANO, "I grandi sistemi del Diritto Amministrativo", p. 2; e, com maiores desenvolvimentos, MEILÁN GIL, *La estructura de los contratos públicos,* pp. 64 segs.).

[96] Para além do caso britânico, referido na nota precedente, é, designadamente, o que sucede no ordenamento jurídico alemão, em que existe a previsão de cláusulas *standard* no que diz respeito a certos tipos de contratos, e do ordenamento jurídico italiano, em que, para além das condições gerais estabelecidas para o contrato de empreitada de obras públicas, a lei admite a aprovação, nas peças do procedimento contratual, de condições particulares para determinados contratos ou tipos de contratos: cfr., a propósito, os relatórios nacionais sobre a Alemanha e a Itália, apresentados por ULRICH STELKENS e ALBERTO MASSERA in ROZEN NOGELLOU/ULRICH STELKENS (eds.), *Droit Comparé des Contrats Publics,* pp. 329-332 e 724 segs., respetivamente. Recorde-se que a solução de fazer depender a possibilidade da salvaguarda das exigências de interesse público no âmbito das relações contratuais administrativas da introdução no clausulado dos contratos em que tal se justificasse de cláusulas dirigidas a conferir poderes de autoridade ao contraente público foi, também entre nós, proposta, numa perspectiva *de iure condendo,* por SÉRVULO CORREIA, *Legalidade e autonomia contratual no contrato administrativo,* pp. 719 segs..

[97] Neste sentido, cfr. MARIO E. COMBA, "Contract execution in Europe: Different legal models with a common core", *European Procurement & Public Private Partnership Law Review* nº 4 (2013), *maxime* a p. 307, onde o Autor parece apontar como um interessante programa de estudo a empreender neste domínio a classificação dos diferentes ordenamentos jurídicos consoante a técnica jurídica pela qual concedem poderes aos contraentes públicos no âmbito das relações contratuais públicas e consoante a intensidade desses poderes.

[98] O ponto parece ser pacificamente reconhecido pela doutrina francesa: cfr., por todos, RICHER/LICHÈRE, *Droit des Contrats Administratifs,* p. 45; GONOD/MELLERAY/YOLKA, *Traité de*

evolução anglo-saxónica para uma certa *publicização* dos contratos da Administração, tão propalada na doutrina comparada, não se orienta, a nosso ver, no sentido da adopção da teoria francesa do contrato administrativo, mas no sentido da aplicação de regimes diferenciados a certas categorias de contratos públicos, em resposta às necessidades que esses contratos colocam, em função do seu objeto ou do seu fim, de molde a justificar a submissão a tais regimes.

Na verdade, não é possível encontrar, no direito comparado, qualquer ordenamento jurídico de cuja legislação ou prática contratual resulte a consagração de soluções comparáveis, seja no que diz respeito à extensão dos contratos submetidos a regimes próprios de direito público, seja no que diz respeito à intensidade das prerrogativas que esses regimes confiram aos contraentes públicos no âmbito da relação contratual, àquelas que resultam da Parte III do CCP.

E no que, pelo seu lado, diz respeito ao referido reconhecimento de que ordenamentos jurídicos como o britânico teriam vantagem em evoluir no sentido de encontrar a melhor resposta para problemas específicos que, designadamente, colocam contratos como os de delegação de funções públicas, não parece que a resposta de que esses ordenamentos necessitam deva passar pela consagração, em bloco, de regimes com a extensão e alcance daquele que o CCP consagrou no Título I da sua Parte III.

De tudo resulta, pois, que se justifica, como dissemos atrás, a administrativização de todos os contratos da Administração e que se verifica

Droit Administratif, p. 238; MICHEL FROMONT, "L' évolution du Droit des contrats de l' Administration – différences théoriques et convergences de fait", in ROZEN NOGELLOU/ULRICH STELKENS (eds.), *Droit Comparé des Contrats Publics*, p. 266. Por isso, não pode deixar de surpreender que não seja assumido como tal por alguma doutrina de outros países, como o nosso. Por conseguinte, quando, em alguma doutrina, se encontram afirmações genéricas como a de que "o que faz a particularidade do regime do contrato administrativo no direito francês se reencontra, em outros sistemas jurídicos, para contratos que podem ser submetidos ao direito privado» (cfr. o texto introdutório de ROZEN NOGELLOU/ULRICH STELKENS in ROZEN NOGELLOU/ULRICH STELKENS (eds.), *Droit Comparé des Contrats Publics*, p. 15), importa advertir de que elas devem ser lidas com grande precaução, porque são frequentes, no domínio em análise, as generalizações abusivas: na verdade, da existência em diferentes ordenamentos jurídicos de regimes normativos ou cláusulas *standard* para certos tipos de contratos públicos não resulta que nesses países vigore a teoria francesa do contrato administrativo – e, muito menos, que neles vigore a derivação exacerbada que dessa teoria pretendeu ser, entre nós, consagrada no Título I da Parte III do CCP.

que ela ocorre por todo o lado. A enorme heterogeneidade do fenómeno não se compadece, no entanto, com a sua submissão a um modelo normativo único, que claramente não resulta do direito comparado, e, muito menos, a um modelo com a configuração daquele que o CCP consagrou no Título I da sua Parte III.

III
O Problema do Conteúdo dos Regimes Substantivos Aplicáveis aos Contratos Administrativos

19. Do exposto no capítulo precedente, respeitante ao *problema do âmbito do contrato administrativo*, resultou que, em nossa opinião, é de saudar o alargamento da figura do contrato administrativo. Esse alargamento exige, no entanto, que o quadro normativo correspondente ao universo heterogéneo dos contratos que a essa ampla figura corresponde seja determinado em novos moldes, a partir do reconhecimento, de uma vez por todas, de que não existe *um* contrato administrativo, ao qual deva corresponder *um* regime detalhado *do* contrato administrativo, como figura pretensamente unitária[99].

No que diz respeito ao conteúdo dos regimes substantivos aplicáveis aos contratos administrativos, preconizamos, assim, a consagração no nosso ordenamento jurídico – ao contrário do que sucede hoje – de um regime comum dos contratos administrativos que deixe de associar à qualificação dos contratos como administrativos a necessária submissão dos contraentes privados a um estatuto de intensa subordinação ao exercício de poderes de autoridade por parte dos contraentes públicos, mas se limite a reunir um escasso conjunto de preceitos que possam ser

[99] Cfr. Chrisptophe Guettier, *Droit des Contrats Administratifs*, pp. 25 segs.; Gonod/ /Melleray/Yolka, *Traité de Droit Administratif*, pp. 264 segs..

efetivamente qualificados como sendo de aplicabilidade comum a todas as categorias de contratos administrativos, ainda que constitutivos de relações jurídicas paritárias entre as partes. A consagração desse regime comum deveria ser, entretanto, acompanhada da consagração dos regimes especiais – de conteúdos e intensidades entre si diversificados, designadamente no que respeita à atribuição de poderes de autoridade ao contraente público no âmbito dos contratos de colaboração subordinada[100] – que fossem julgados justificados em função das necessidades específicas colocadas pelas diferentes categorias de relações contratuais[101].

É deste pressuposto que, no prometido segundo momento da presente análise, nos propomos partir para a abordagem do *problema do conteúdo dos regimes substantivos aplicáveis aos contratos administrativos.* No propósito de reunir os dados necessários para o efeito, afigura-se-nos, entretanto, justificado proceder, num passo intermédio, à identificação das principais categorias de contratos administrativos, em função das diferenciações fundamentais quanto aos regimes jurídicos a que cada uma dessas categorias se encontra submetida no vigente ordenamento jurídico português. Não se pretende elaborar um elenco exaustivo, que cubra todas as espécies possíveis de contratos administrativos,

[100] Ao encontro da posição de Assis Raimundo, *A formação dos contratos públicos,* pp. 136-138, também nós admitimos, pois, que possa ser "valorativamente justificada" a submissão de certos contratos públicos a um regime com as características daquele que o CCP consagrou no Título I da Parte III do CCP, "pois é *justificado,* por exemplo, que a exceção de não cumprimento do contrato num contrato de concessão do serviço público de telecomunicações fixas esteja submetido ao regime mais restritivo quanto à sua invocação pelo cocontratante previsto no art. 327º do CCP". Apenas nos parece que este exemplo (sempre o exemplo da concessão...) é curto para sustentar a "justificação valorativa" de um regime com o amplíssimo âmbito de aplicação que o CCP entendeu atribuir ao regime dos contratos administrativos.

[101] Com o que, por maioria de razão, se retomam, a propósito do regime do CCP, as questões que, por referência ao Direito francês, onde nasceu a teoria pretensamente unitária do contrato administrativo, coloca, como vimos, Christophe Guettier, *Droit des contrats administratifs,* pp. 25 segs., defendendo que, no próprio Direito francês, mais do que uma teoria *do contrato administrativo,* incumbe elaborar uma teoria *dos contratos administrativos,* atenta a existência, desde o início assinalada por *Gaston Jèze,* de evidentes diferenças entre os contratos administrativos (p. 27), pois que "a noção de contrato administrativo cobre toda uma série de contratos de objetos e regimes jurídicos a que falta de modo singular a homogeneidade" (p. 31).

mas apenas identificar as categorias mais significativas, para o efeito estritamente necessário à análise a que iremos prosseguir em seguida.

O ponto de partida não pode deixar de residir no regime do nº 1 do artigo 280º do CCP, em que o Código procede à identificação dos *critérios de administratividade* de que, em primeira linha, depende a qualificação dos contratos como administrativos. Mas a análise não pode esgotar-se nesse plano, na medida em que as categorias de contratos administrativos cuja identificação pode ser extraída do referido preceito não são suficientes para o efeito pretendido, que, por isso, exige que, num segundo momento, se lance mão também de outros critérios de classificação. Por esse motivo, a exposição partirá, nesse plano, da análise dos critérios de administratividade para a identificação, num segundo momento, das principais categorias de contratos administrativos.

1. Critérios de administratividade

20. São cinco as categorias de situações contratuais a que, nas quatro alíneas do nº 1 do artigo 280º, o CCP faz corresponder a qualificação de contrato administrativo. Essas cinco categorias podem ser reconduzidas a três grandes grupos:

a) O primeiro grupo corresponde aos contratos administrativos por natureza, que não pode deixar de entender-se que estão submetidos a um regime de Direito Administrativo, em razão da natureza pública do seu objeto. Pode dizer-se que integram este grupo os contratos a que se referem as alíneas b), c) e d) do nº 1 do artigo 280º do CCP.

b) O segundo grupo corresponde aos tipos contratuais que, ainda que não sejam contratos administrativos por natureza, a própria lei diretamente qualifica como administrativos, submetendo-os a um regime substantivo de direito público (cfr. artigo 280º, nº 1, alínea a), do CCP). Integram este grupo (i) os contratos administrativos típicos previstos no Título II da Parte III do CCP e (ii) os demais contratos administrativos típicos ou nominados previstos em legislação avulsa.

c) O terceiro grupo corresponde aos contratos administrativos atípicos que poderiam ser contratos de direito privado (os chamados contratos administrativos com objeto passível de contrato de direito privado): trata-se de contratos que, não sendo administrativos por natureza, a lei também não qualifica como administrativos, mas que são administrativos por qualificação das partes, na medida em que a lei aceita que as próprias partes, desde que uma delas seja um contraente público, os qualifiquem como administrativos ou os submetam a um regime substantivo de direito público (cfr. artigo 280º, nº 1, alínea a), e artigos 3º, nº 1, alínea b), e 8º do CCP).

Vejamos, pois, quanto a cada uma das cinco categorias, por referência aos três grupos de contratos que acabam de ser identificados.

I) Contratos administrativos por natureza

a) Na alínea b), o nº 1 do artigo 280º do CCP qualifica como administrativos os contratos com objeto passível de ato administrativo e demais contratos sobre o exercício de poderes públicos. Trata-se de contratos que têm por objeto a substituição de atos administrativos, determinando a resolução de questões prejudiciais ou o conteúdo da decisão final no âmbito de procedimentos administrativos dirigidos à emissão de atos administrativos; ou de contratos que têm por objeto a assunção de compromissos quanto aos termos do exercício futuro de poderes públicos[102]. É evidente a natureza administrativa destes contratos, que decorre da natureza pública do seu objeto, que necessariamente implica a aplicabilidade de um regime de Direito Administrativo

[102] Sobre esta categoria de contratos, na doutrina portuguesa, cfr., por todos, Sérvulo Correia, *Legalidade e autonomia contratual nos contratos administrativos*, pp. 428 e 752; Pedro Gonçalves, *O contrato administrativo*, pp. 76 segs; Mark Kirkby, *Contratos administrativos de subordinação (natureza, funções e limites)*, Lisboa, 2002, pp. 75 segs., e *Contratos sobre o exercício de poderes públicos*, Coimbra, 2011; e, por último, Jorge Alves Correia, *Contrato e Poder Administrativo*, pp. 577 segs..

e não de Direito privado[103]. Adiante regressaremos com mais detalhe a esta categoria de contratos.

b) Na alínea c), o nº 1 do artigo 280º do CCP qualifica também como administrativos os contratos que "confiram ao cocontratante direitos especiais sobre coisas públicas ou o exercício de funções do contraente público". A nosso ver, a maior parte dos contratos com este objeto correspondem a contratos típicos, como os contratos de concessão de obras públicas, de serviços públicos e de exploração de bens do domínio público. A previsão afigura-se, contudo, útil, pois que, através dela, se pretende dar expressão a uma categoria de contratos administrativos por natureza, em razão da natureza pública do seu objecto, que envolve a disposição de bens públicos ou implica a realização, pelo contraente privado, de atividades de natureza pública, por contraposição a contratos como os de empreitada de obras públicas ou de locação e aquisição de bens ou de aquisição de serviços, que se caracterizam por terem por objeto prestações que, à partida, poderiam ser, todas elas, objeto de contratos de direito privado, na medida em que se dirigem à realização, pelo contraente privado, de atividades de natureza privada, ainda que dirigidas à obtenção, pelo contraente público, de utilidades em princípio necessárias à prossecução dos seus fins[104].

c) Na alínea d), o nº 1 do artigo 280º do CCP qualifica ainda como administrativos os "contratos que a lei submeta ou que admita que sejam submetidos a um procedimento de formação regulado por normas de direito público e em que a prestação do cocontratante possa condicionar ou substituir, de forma relevante, a realização das atribuições do contraente público".

Tal como sucede com as duas anteriormente mencionadas, também esta previsão parece ser inspirada pelo propósito de qualificar como contratos administrativos mais uma categoria de contratos administrativos por natureza, em razão da natureza pública do seu objeto, que, neste caso, decorrerá da circunstância de estar em causa a realização pelo cocontratante de prestações "que possam condicionar

[103] No mesmo sentido, cfr. Pedro Gonçalves, *O contrato administrativo*, p. 49.

[104] Para a distinção, cfr., por todos, Pedro Gonçalves, *O contrato administrativo*, pp. 71-75.

ou substituir, de modo relevante, a realização das atribuições do contraente público".

Em nossa opinião, é reduzido o alcance que, na economia do nº 1 do artigo 280º do CCP, deve ser imputado à previsão da alínea d). É, em todo o caso, o alcance que, a nosso ver, corresponde ao próprio teor literal do preceito, e, por outro lado, aquele que permite conciliá-lo de modo mais equilibrado com o critério da qualificação pelas partes, consagrado na alínea a) e de que se falará a seguir, assim como com a previsão da alínea c)[105].

Com efeito, a previsão em análise não parece abranger, desde logo, os "chamados negócios auxiliares, que se destinam apenas a satisfazer requisitos materiais de funcionamento dos serviços administrativos, sem reflexo direto na específica prossecução de qualquer das atribuições da pessoa coletiva a que estes pertençam"[106] e, portanto, sem que a prestação do contraente privado interfira com o conteúdo do modo como se processa o exercício, pela entidade pública contratante, das funções públicas que lhe correspondem.

E também não parece abranger as situações de delegação formal de funções públicas, em que o contraente privado é formalmente investido em poderes de exploração de bens ou serviços públicos, para o efeito de atuar no lugar da entidade pública na prossecução dos seus fins institucionais, na medida em que esse tipo de situações se encontra já coberto pela previsão da alínea c) do nº 1 do artigo 280º do CCP.

A nosso ver, a previsão da alínea d) do nº 1 do artigo 280º do CCP reconduz-se, por isso, apenas às situações intermédias de *contracting out*, cujo enquadramento tem sido reconhecido como problemático pela doutrina e que se caracterizam por uma certa ambiguidade, que resulta da circunstância de que: (i) por um lado, supõem que a responsabili-

[105] Parece estabelecer-se, na verdade, uma certa relação de afinidade entre o critério da alínea d) e o critério da alínea c) do nº 1 do artigo 280º: na verdade, em ambos parecem ter-se em vista, ainda que em graus diferenciados, contratos que implicam a realização, pelo contraente privado, de atividades que o envolvem de modo mais intenso no exercício das tarefas públicas a cargo do contraente público, por contraposição aos contratos meramente auxiliares, que apenas exigem do contraente privado a realização de atividades dirigidas a dotar o contraente público de meios instrumentais à prossecução dos seus fins.

[106] Cfr. SÉRVULO CORREIA, *Legalidade e autonomia contratual nos contratos administrativos*, pp. 379 segs.

dade pelo exercício das funções públicas, em termos formais, permanece na titularidade da entidade pública, que, portanto, não delega esse exercício no contraente privado, sendo o contraente privado apenas chamado, como mero agente auxiliar, a ajudar a entidade pública no exercício, por si mesma, das suas funções; mas, (ii) por outro lado, consubstanciam-se numa delegação fáctica de poderes públicos no contraente privado, na medida em que têm por objeto incumbi-lo de pré-determinar o conteúdo de decisões (como um plano de ordenamento territorial ou a decisão de localização de um aterro sanitário ou de determinação do traçado de uma estrada) que o contraente público se limitará a assumir no exercício das suas funções[107].

Não podemos deixar de acrescentar que, a nosso ver, a previsão da alínea d) do nº 1 do artigo 280º do CCP se presta a importantes reparos[108]: desde logo, porque conjuga, em termos que não se afiguram lógicos, um critério fundado na existência de um procedimento de formação do contrato regulado por normas de direito público com um critério substantivo, reportado ao próprio objecto do contrato[109]; mas sobretudo em virtude da manifesta ambiguidade da formulação que nele é utilizada e que, não fazendo apelo a conceitos anteriormente utilizados pela legislação portuguesa ou que em Portugal tivessem alguma vez sido objecto de elaboração jurisprudencial ou doutrinal, introduz, a nosso ver, no nosso ordenamento jurídico, um dispensável factor de incerteza na delimitação da figura do contrato administrativo[110].

[107] Para a caracterização das situações em referência, nos termos utilizados no texto, cfr. PEDRO GONÇALVES, *O contrato administrativo*, pp. 71-72 e 74.

[108] Para a respetiva crítica, cfr. PEDRO GONÇALVES, "A relação jurídica fundada em contrato administrativo", in Cadernos de Justiça Administrativa nº 64, p. 39 e nota 13; M. AROSO DE ALMEIDA, "Contratos administrativos e poderes de conformação do contraente público no novo Código dos Contratos Públicos", pp. 7-9.

[109] Como fizemos notar na obra citada na nota precedente, justifica-se, na verdade, perguntar por que razão devem os contratos "em que a prestação do cocontratante possa condicionar ou substituir, de forma relevante, a realização das atribuições do contraente público" ser qualificados como administrativos quando a lei os submeta ou admita que sejam submetidos a um procedimento de formação regulado por normas de direito público e já não o devem ser quando tal circunstância não se verifique.

[110] Para a tentativa de explicação e defesa do preceito, cfr. MARK BOBELA-MOTA KIRKBY, "Conceito e critérios de qualificação do contrato administrativo", in *Estudos em Homenagem ao Prof. Doutor Sérvulo Correia*, vol. II, Coimbra, 2010, pp. 784 segs. e 798 segs.

Por outro lado, afigura-se legítimo perguntar se, a partir do momento em que o CCP, desde logo, tipifica como administrativos todos os contratos de locação e aquisição de bens e de aquisição de serviços celebrados por contraentes públicos, e, por outro lado, admite que, desde que uma das partes seja um contraente público, as próprias partes podem qualificar os contratos que celebram como administrativos ou submetê-los a um regime substantivo de direito público, ainda se justifica a previsão introduzida pelo preceito em referência. Pela nossa parte, permitimo-nos duvidar.

II) Contratos administrativos por determinação da lei

d) Na alínea a), na parte em que se refere ao "presente Código" e à "lei", o nº 1 do artigo 280º do CCP qualifica como administrativos os contratos típicos, que determinação legal expressa, contida no Título II da parte III do Código ou em lei avulsa, submeta a um específico regime substantivo de direito público, assim como os contratos nominados, que lei expressa qualifique como administrativos sem para eles prever um regime específico, desse modo os submetendo ao regime do Título I da Parte III do CCP.

III) Contratos administrativos por qualificação das partes

e) Na alínea a), na parte em que se refere à "vontade das partes", o nº 1 do artigo 280º do CCP qualifica ainda como administrativos os contratos atípicos que as partes optem por qualificar, elas próprias, como administrativos ou por submeter a um regime substantivo específico instituído por normas de direito público.

O preceito tem em vista contratos que não são administrativos por natureza, em razão da natureza pública do seu objeto, por não corresponderem a nenhum dos três primeiros tipos de situações que atrás foram enunciados, e também não são administrativos por determinação da lei, por não corresponderem a qualquer tipo específico, legalmente previsto e regulado, de contrato administrativo, nem tão-pouco a um contrato administrativo nominado. Na verdade, a qualificação como administrativos dos contratos administrativos típicos e dos contratos administrativos por natureza não depende da vontade das partes: só a qualificação como administrativos de contratos com objeto passível de contrato de direito privado pode estar na disponibilidade das partes[111].

O critério da qualificação pelas partes inscreve-se num contexto legislativo que não estabelece diretamente, em termos preceptivos, um critério substantivo geral de qualificação dos contratos administrativos. É nesse contexto que o legislador faz recair sobre o contraente público o ónus de promover junto da outra parte a qualificação como administrativos dos contratos que, não sendo administrativos por natureza, nem por determinação da lei, ele ainda assim considere justificado qualificar desse modo, em função do juízo que, em cada caso, formule sobre a necessidade da submissão do contrato em causa a um regime próprio de Direito Administrativo[112].

[111] A este respeito, cfr. SÉRVULO CORREIA, *Legalidade e autonomia contratual nos contratos administrativos*, p. 404. No mesmo sentido, PEDRO GONÇALVES, *O contrato administrativo*, pp. 59-60, distingue precisamente as situações a que anteriormente nos reportámos no texto, dos "contratos cuja administratividade resulta de «condições externas» ao contrato", em que "a relação jurídica administrativa é, nesse caso, um «dado incontornável», no sentido em que se trata de uma relação regulada por normas de direito administrativo", da situação a que agora nos reportamos, em que "a relação jurídica administrativa é um «dado do contrato», no sentido em que é apenas por força da vontade das partes – e da autonomia pública contratual da Administração – que o contrato se apresenta como constitutivo de efeitos jurídicos de direito administrativo".

[112] Como, na verdade, explica SÉRVULO CORREIA, *Legalidade e autonomia contratual nos contratos administrativos*, p. 404, nota 119, "as partes só dispõem de opção entre a gestão pública e a gestão privada quando o contrato não é necessariamente administrativo pela natureza da relação jurídica que configura ou pela relevância que a lei confere à prossecução de fins de imediata utilidade pública". Por conseguinte, a pretender erigir-se o critério do fim de imediata utilidade pública em critério do contrato administrativo, consagrar-se-ia um sistema em que "a qualificação pelas partes é irrelevante", porque "a natureza jurídica do contrato é um momento objetivo do contrato. E ou as partes o qualificam corretamente, nada acrescentando, ou o qualificam erroneamente e tal qualificação não prevalece contra a verdadeira natureza do contrato". A nosso ver, um tal sistema é incompatível com a previsão da alínea a) do nº 1 do artigo 280º do CCP. Por isso não podemos subscrever a posição de REBELO DE SOUSA/SALGADO DE MATOS, Direito Administrativo Geral, vol. III, pp. 291-292, para quem a qualificação decorrente da vontade das partes deve funcionar como mero "índice presuntivo da administratividade do contrato", sendo "inoperante para transformar em contrato de direito privado um contrato que deva ser administrativo, ou o inverso". Ao sobreporem, deste modo, um critério material que não encontra expressão no CCP ao critério da vontade das partes, que, pelo contrário, está expressamente consagrado na alínea a) do nº 1 do artigo

Cumpre, no entanto, notar que o sentido útil da previsão normativa da possibilidade da existência de contratos administrativos de acordo com a vontade das partes ficou, em grande medida, esvaziado de conteúdo pelo facto já referido de que, independentemente do alcance das previsões contidas nas diferentes alíneas do nº 1 do artigo 280º, o CCP procedeu, no Título II da sua Parte III, a um muito significativo – e discutível – alargamento do âmbito da figura do contrato administrativo, que resultou da qualificação como contratos administrativos de todos os contratos de locação e aquisição de bens e de aquisição de serviços que sejam celebrados por contraentes públicos: na verdade, no quadro normativo anterior ao CCP, eram estes os tipos contratuais que correspondiam ao paradigma dos contratos que, em princípio, eram contratos de direito privado, mesmo quando celebrados pela Administração Pública, salvo quando fossem qualificados como administrativos pelas partes, de acordo com o critério de qualificação hoje consagrado na alínea a) do nº 1 do artigo 280º do CCP.

O reconhecimento, assumido na alínea a) do nº 1 do artigo 280º do CCP, da possibilidade de haver contratos que são administrativos por vontade das partes é a assunção formal de uma opção no sentido de, na senda da tradição francesa, também no nosso ordenamento jurídico se admitir que, ainda que dentro do espaço circunscrito que resulta da articulação da previsão em causa com as previsões contidas nas restantes alíneas do mesmo nº 1 e no CCP no seu conjunto, a Administração dispõe da possibilidade de escolher entre a celebração de contratos de

280º do CCP, mas que, desse modo, esvaziam de conteúdo, estes Autores adotam uma posição que, a nosso ver, se apresenta em desconformidade com o quadro legal introduzido pelo CCP. O entendimento destes Autores quanto a este ponto parece inscrever-se, em todo o caso, num contexto mais vasto, do qual parece resultar que, para os referidos Autores, a figura do contrato administrativo tem uma configuração que, resultando da natureza das coisas, transcenderia os poderes de conformação normativa do legislador do CCP (cfr. op. cit., pp. 293 e 298); e que, numa perspetiva ainda mais ampla, se estende ao próprio entendimento, manifestamente *contra legem*, de que, também no âmbito das suas relações contratuais de direito privado, as entidades públicas, pelo simples facto de o serem (ou seja, enquanto *potentior personae*), seriam titulares, sem necessidade de atribuição normativa, dos mesmos poderes de que os contraentes públicos são investidos no âmbito das relações contratuais administrativas (cfr. op. cit., p. 298).

direito privado e de contratos administrativos (com objeto passível de contrato de direito privado)[113].

Embora hoje, como foi dito, com um alcance muito limitado, esta abertura normativa não deixa de abrir espaço para a colocação da questão da determinação do sentido, extensão e limites da autonomia de que a Administração dispõe para optar entre a celebração de contratos administrativos e de contratos de direito privado.

A nosso ver, a possibilidade de opção entre celebrar contratos de direito privado e contratos administrativos (com objeto passível de contrato de direito privado) é uma faculdade que é conferida à Administração pelo Direito Administrativo, na alínea a) do nº 1 do artigo 280º do CCP, e que, portanto, se concretiza num espaço de *autonomia pública*, que não se confunde com a autonomia privada porque a Administração só a pode exercer dentro de limites e em função de critérios materiais próprios do Direito Administrativo[114].

[113] Subjacente à previsão da alínea está o critério jurisprudencial francês das cláusulas exorbitantes. Como, na verdade, assinalam RICHER/LICHÈRE, *Droit des Contrats Administratifs*, pp. 89-90 e 95-96, o referido critério assenta na distinção entre gestão pública e gestão privada e, por conseguinte, no pressuposto de que as entidades públicas podem celebrar contratos de direito privado, pois é nesse pressuposto que a jurisprudência coloca, para o efeito da sua aplicação, a questão de saber se foi intenção das partes celebrarem um contrato administrativo ou um contrato privado: a alínea a) do nº 1 do artigo 280º do CCP consagra, assim, o critério das cláusulas exorbitantes, interpretando-o como um critério da vontade das partes.

[114] Para a doutrina francesa, a autonomia da vontade é incompatível com os contratos públicos porque a capacidade de contratar das entidades públicas é uma "competência atribuída pelo direito objetivo" (RICHER/LICHÈRE, *Droit des Contrats Administratifs*, pp. 26 segs.) e "a atividade contratual da administração depara-se com limites aos quais a vontade privada não está adstrita" (RIVERO/WALINE, *Droit Administratif*, p. 385). A nosso ver, o que importa é distinguir a *autonomia pública* da *autonomia da vontade* dos privados, que, enquanto parte integrante do princípio constitucionalmente garantido da autodeterminação individual (*Selbstbestimmung der Menschen*), apenas a estes pertence, e não às entidades públicas. Cfr., a propósito, SCHMIDT-ASSMANN/KREBS, *Rechtsfragen städtebaulicher Verträge*, Bona, 1988, pp. 76-77; DIRK EHLERS, *Verwaltung in Privatrechtsform*, Berlim, 1984, pp. 79 segs.. Na doutrina portuguesa, cfr., a propósito, PAULO OTERO, *Direito do Procedimento Administrativo*, pp. 349 e 365, que, embora negando que a Administração "possa usar a seu favor a autonomia da vontade constitucionalmente reconhecida aos cidadãos", reconhece que ela não está proibida de utilizar o direito privado, "sabendo-se que o seu uso será sempre acompanhado de vinculações jurídico-públicas", designadamente quando se trate de exercer o "poder discricionário quanto à escolha da forma pública ou privada de exercício da atividade contratual" que a lei lhe confere.

Trata-se, por isso, de uma faculdade que só pode ser exercida em função de critérios próprios de Direito Administrativo. Com efeito, como «a Administração não pode agir por mero arbítrio», deve entender-se que «a liberdade de escolha entre as duas formas de atuação deve ser guiada por uma razão objetiva ligada à própria disponibilidade de modelos alternativos»[115].

No Direito francês, é reconhecida às entidades públicas uma ampla liberdade para qualificarem os seus contratos como administrativos ou como privados, que apenas passa por um juízo de compatibilidade entre a causa-função do contrato e a sua sujeição aos princípios gerais do Direito dos contratos administrativos. Por conseguinte, se, nesse contexto, se admite que as entidades públicas são livres de decidir colocar os contratos que celebram sob a égide do Direito público ou do Direito privado, é porque se entende que isso resulta da conjugação das normas que conferem aos órgãos administrativos o poder de celebrarem contratos administrativos atípicos com as normas que fixam as atribuições das pessoas colectivas públicas, colocando a seu cargo a satisfação de necessidades de interesse público[116].

A nosso ver, pelo menos no nosso ordenamento jurídico, a questão não deve ser, porém, colocada nesses termos, parecendo de entender que a Administração carece de liberdade para decidir colocar uma determinada atuação sua sob a égide do Direito Administrativo ou sob a égide do Direito privado. Essa é matéria sobre a qual rege o Direito Administrativo, que não pode deixar de estabelecer critérios materiais a esse respeito[117].

Por outro lado, importa, a este propósito, mais uma vez recordar que o nosso ordenamento jurídico faz corresponder à qualificação dos contratos públicos como contratos administrativos importantes consequências de regime, que resultam do Título I da Parte III do CCP. Ora, como já atrás foi notado, se a qualificação dos contratos públicos como admi-

[115] Cfr. Sérvulo Correia, *Legalidade e autonomia contratual no contrato administrativo*, p. 400.

[116] Cfr. Sérvulo Correia, "Contrato administrativo", pp. 28-29, e *Legalidade e autonomia contratual no contrato administrativo*, pp. 562 segs., 618 segs. e 676 segs., *maxime* 680. Em geral sobre a questão, cfr. Spyridon Flogaïtis, *Les contrats administratifs*, pp. 228 segs., com outras referências.

[117] Nesse sentido, cfr. Vilhena de Freitas, *Direito dos contratos públicos e administrativos*, pp. 73-74. Cfr. também Ariño Ortiz, *Lecciones de Administración (y Políticas Públicas)*, pp. 181-182.

nistrativos é instrumental em relação à submissão desses contratos a um regime específico, faz sentido que, em última análise, seja em função do concreto conteúdo desse regime que também a Administração proceda à operação de qualificação, para o efeito de se reconhecer que só se justifica que ela qualifique como administrativos os contratos que pretenda ver submetidos ao conteúdo específico do regime próprio de Direito Administrativo que, em consequência dessa qualificação, lhes deva corresponder – regime que, salvo remissão para regime especial, é o regime comum do Título I da Parte III do CCP.

Ora, a nosso ver, o conteúdo deste regime comum permite identificar, como critério material que deve orientar a Administração na escolha, o *critério do grau de intensidade do interesse público prosseguido,* que deve ser adotado como critério geral de distinção entre os atos de gestão pública e os atos de gestão privada[118] – critério que, no domínio dos contratos administrativos, se concretiza, à face do regime vigente do CCP, na necessidade da submissão do contrato a um regime que faça prevalecer a prossecução do interesse público através da outorga de prerrogativas de autoridade ao contraente público no âmbito da relação contratual.

Na base da submissão do contrato ao regime próprio do contrato administrativo, «só pode estar, pois, a exigência de fornecer uma proteção reforçada dos específicos interesses confiados à guarda da Administração contraente e envolvidos na relação»[119]. O que não pode deixar de resultar do objeto e/ou do fim do contrato, isto é, do facto de o objeto mediato do contrato respeitar ao conteúdo da função administrativa[120].

Na verdade, pudemos verificar que a lógica subjacente ao regime que o Título I da Parte III do CCP faz corresponder aos contratos administrativos de objeto passível de contrato de direito privado é, no essencial, a da necessidade de dotar os contraentes públicos de um conjunto de prerrogativas de autoridade que lhes permitam promover com a máxima

[118] O critério referido no texto é proposto por Rebelo de Sousa/Salgado de Matos, *Direito Administrativo Geral,* tomo III, p. 290.

[119] Bruti Liberati, *Consenso e funzione nei contratti di diritto pubblico tra amministrazioni e privati,* p. 69. Cfr. também Sticchi Damiani, *Attività amministrativa consensuale e accordi di programma,* pp. 36-38.

[120] Na mesma linha, segundo cremos, Diogo Freitas do Amaral, "Apreciação da dissertação de doutoramento do Lic. J. M. Sérvulo Correia", republicada em Diogo Freitas do Amaral, *Estudos de Direito Público e matérias afins,* vol. II, Coimbra, 2004, p. 343.

eficiência a prossecução da satisfação dos interesses públicos à qual os contratos são pré-ordenados. À luz desse critério – com o qual, como foi dito atrás, não nos identificamos, mas que reconhecemos ser aquele que, no essencial, inspira o regime do Título I da Parte III do CCP –, parece que a escolha pela Administração da celebração de contratos administrativos atípicos com objeto passível de contrato de direito privado deverá ser, assim, primordialmente determinada pela necessidade de rodear o contrato que se propõe celebrar das garantias asseguradas pela titularidade de tais prerrogativas, em razão do interesse público gerido ou visado pelo contrato em causa.

Esse parece dever ser, pois, em regra, o critério a adotar para a identificação dos tipos de situações em que se impõe e, portanto, justifica a necessidade da celebração de contratos administrativos em alternativa a contratos de direito privado da Administração. Trata-se, em todo o caso, de um critério auxiliar, sendo, em última análise, ao contraente público que cumpre avaliar se existem outras razões de interesse público que justificam submeter o contrato ao regime que o CCP faz corresponder ao contrato administrativo ou a qualquer outro regime substantivo de direito público.

Como facilmente se percebe, rejeitamos, em todo o caso, a ideia de uma presunção da natureza administrativa dos contratos da Administração com objeto passível de contrato de direito privado. Na verdade, a orientação seguida em França (como, aliás, em todos os ordenamentos jurídicos) é, como vimos atrás, a contrária – e, na verdade, só a orientação contrária nos parece coerente, como foi atrás explicado, com a associação de um regime como o do Título I da Parte III do CCP à qualificação por vontade das partes de contratos com objeto passível de contrato de direito privado como contratos administrativos[121].

[121] A presunção da natureza administrativa dos contratos da Administração com objeto passível de contrato de direito privado foi proposta por Sérvulo Correia, *Legalidade e autonomia contratual no contrato administrativo,* pp. 405-406, que reconhece que a orientação seguida em França é a contrária, mas sustenta a sua posição no argumento de que a orientação francesa corresponde a "uma fase histórica hoje revoluta, segundo a qual o Direito Administrativo seria um Direito especial relativamente ao Direito Privado", quando, hoje, se deve assumir que o Direito geral ou comum da Administração não é o Direito privado, mas o Direito Administrativo. Ora, pela nossa parte, subscrevemos a necessidade de se abandonar a referida "fase histórica hoje revoluta" e não esquecemos que, na referida obra, o Autor não só não preconizava, como até rejeitava que o regime comum do contrato administrativo fosse edifi-

Acrescente-se, ainda a propósito do ponto em análise, que o CCP confere às categorias de entidades adjudicantes previstas no nº 2 do seu artigo 2º e no seu artigo 7º o poder de celebrarem contratos administrativos atípicos com base na aplicação do critério de qualificação por vontade das partes (cfr. artigos 3º, nº 1, alínea b), e 8º do CCP). Ora, a solução não suscita dúvidas na medida em que as entidades em causa estejam incumbidas de gerir recursos públicos para prosseguir a satisfação de fins de interesse geral, exercendo, nesse caso, funções materialmente administrativas (hipótese prevista no nº 2 do artigo 3º do CCP). Mas a verdade é que o universo das entidades adjudicantes previstas no nº 2 do artigo 2º e no artigo 7º do CCP compreende entidades puramente privadas, cuja atividade em nada contende com o mundo das atribuições públicas.

Ora, nesse caso, justifica-se, a nosso ver, submeter a apreciação crítica as disposições normativas que, nos artigos 3º e 8º do CCP, admitem, sem mais especificações, que todas as entidades adjudicantes previstas nos artigos 2º e 7º do CCP possam qualificar os contratos públicos que celebrem como contratos administrativos.

Com efeito, a solução suscita perplexidade, na medida em que estabelece um nexo, a nosso ver, artificial e injustificado entre o âmbito subjetivo de aplicação do Direito europeu da contratação pública e a questão da delimitação das entidades que podem ser contraentes públicos[122]. Afigurando-se, por isso, inteiramente justificado e mesmo forçoso

cado sobre o modelo da teoria da sujeição (cfr., em particular, pp. 368-370 e 343 segs. Também em sentido crítico em relação ao critério subjacente à teoria da sujeição, cfr. Rebelo de Sousa/Salgado de Matos, *Direito Administrativo Geral*, tomo III, pp. 287-288). A verdade, porém, é que, lamentavelmente, o CCP não seguiu essa doutrina na configuração do regime do contrato administrativo, desse modo persistindo no modelo de relacionamento da Administração com os particulares paradigmático da dita "fase histórica hoje revoluta" o que, como foi explicado, nos impede de preconizar o alargamento do âmbito da figura do contrato administrativo.

[122] A solução não é uma decorrência do direito comparado sobre a matéria. A título de exemplo, veja-se, com efeito, a lei espanhola dos contratos do sector público (Ley 30/2007, de 30 de Outubro – solução entretanto mantida pelo vigente texto refundido), que, sendo contemporânea do CCP e tendo, como ele, procedido à transposição das Diretivas 2004/17 e 2004/18, foi muito clara em separar o âmbito subjetivo de aplicabilidade dos regimes pré-contratuais e o do regime dos contratos administrativos, assumindo que têm natureza de contratos privados os celebrados por entes, organismos e entidades do sector público que, embora sujeitos aos regimes pré-contratuais públicos, não tenham o estatuto de Adminis-

submeter a análise e discussão a questão de saber se empresas que não prosseguem, em si mesmas, atribuições públicas, só pelo facto de serem submetidas pelo Direito da União Europeia a regras de contratação pública, devem poder ver-se investidas no poder de qualificarem contratos seus como administrativos, para o efeito de, por esse meio, se tornarem titulares do estatuto de poder público que o CCP confere aos contraentes públicos, no âmbito das relações contratuais administrativas.

A questão reconduz-se a um tema fundamental, do maior interesse, que é o de saber se quando, em situações pontuais e apenas para certos efeitos, certas pessoas colectivas de direito privado são submetidas à aplicação de normas de Direito Administrativo, daí resulta que elas sejam ou possam ou devam ser equiparadas, para todos os efeitos, às pessoas colectivas públicas – em particular, para o efeito de se admitir que, quando não sejam formalmente investidas em funções públicas, para a prossecução das quais a lei lhes confira expressamente a possibilidade do exercício de poderes de autoridade, essas entidades privadas possam (e lhes possa ser reconhecido que podem) utilizar as formas típicas do exercício desses poderes[123].

É que não é pelas razões que determinam a submissão das entidades públicas a regras de contratação pública que o Direito da União Europeia submete ao mesmo tipo de regras entidades adjudicantes como aquelas que estão previstas no artigo 7º do CCP. Com efeito, essas

trações Públicas, segundo o disposto no nº 2 do artigo 3º da mesma lei; e continuando a qualificar apenas como contratos administrativos um conjunto de contratos típicos e aqueles que satisfaçam "de forma direta ou imediata uma necessidade pública".

[123] O tema foi, entre nós, sobretudo estudado por PEDRO GONÇALVES, que, no já citado *Entidades privadas com poderes públicos* defende, com relevância para o nosso problema, que, "quando definida a *capacidade de direito público em sentido formal* como a aptidão de uma pessoa para usar os instrumentos formais de acção de direito público, verificamos que as pessoas públicas são, em regra, titulares de uma capacidade *geral* de direito público, ao passo que as pessoas privadas apenas poderão assumir-se, em certas condições, como titulares de uma mera capacidade *parcial* de direito público" (p. 253). Por conseguinte, enquanto "a personalidade pública inclui por inerência uma capacidade geral para a celebração de contratos administrativos", que hoje encontra expressão no artigo 278º do CCP, deve entender-se que, "sem uma delegação de poderes públicos, as pessoas que actuam, em geral, segundo o direito privado não detêm, em princípio, capacidade de direito público" (p. 257). Tanto mais que a escolha da forma contrato administrativo é o modo de as entidades titulares da capacidade de a utilizarem se investirem nos poderes de autoridade que lhe estão associados, hoje consagrados no artigo 302º do CCP (pp. 648-649).

entidades não são entidades públicas, não têm, por regra, a seu cargo a prossecução da satisfação de fins de interesse geral, nem dispõem necessariamente de recursos públicos. A única coisa que essas entidades têm em comum é o facto de apresentarem o risco de poderem deixar-se influenciar pelo Estado, para o efeito de, na contratação que fazem, determinarem as suas escolhas por uma racionalidade política passível de conduzir à adoção de práticas discriminatórias na escolha dos seus cocontratantes. São, portanto, razões de pura proteção do mercado, primacialmente determinadas pelo propósito assumido pelo Direito europeu da contratação pública de impedir que os Estados-membros da União incorram em discriminação em razão da nacionalidade dentro do espaço europeu na escolha dos seus cocontratantes, que explicam a extensão a estas entidades do Direito da contratação pública.

Mas a questão coloca-se também, na verdade, mesmo em relação a entidades abrangidas pela previsão do nº 2 do artigo 2º do CCP, por serem maioritariamente financiadas por entidades públicas ou sujeitas ao seu controlo de gestão, mas que não estejam investidas na titularidade de atribuições públicas.

Quando pelo menos um dos contraentes seja uma entidade pública, deve, a nosso ver, entender-se que a qualificação de um contrato como administrativo pela vontade das partes, segundo o disposto na alínea a) do nº 1 do artigo 280º do CCP, depende de um elemento finalístico, concretizado na causa-função do contrato, susceptível de ser identificado por referência ao quadro das atribuições da entidade em causa. Por conseguinte, não pode deixar, por maioria de razão, de ser exigido o mesmo quando a entidade que se pretenda erigir em contraente público seja uma entidade de direito privado[124].

A nosso ver, uma entidade privada só deve ser, pois, legitimamente admitida a qualificar como administrativo um contrato que celebre com

[124] Como fazem notar RICHER/LICHÈRE, *Droit des Contrats Administratifs*, pp. 118-119, o critério francês da cláusula exorbitante – que, como vimos atrás, está subjacente ao critério da vontade das partes da alínea a) do nº 1 do artigo 280º e, portanto, também dos artigos 3º e 8º do CCP – pressupõe "um elemento orgânico implícito que falta quando o contrato é celebrado entre duas pessoas privadas". A nosso ver, para que um contrato celebrado entre entidades privadas possa ser qualificado como administrativo, é, por isso, necessário um ingrediente adicional, o elemento finalístico, que, sendo inerente à natureza das entidades públicas, por resultar do quadro das suas atribuições, falta, à partida, ás entidades privadas.

outra entidade privada na medida em que ela esteja incumbida de funções públicas e a celebração do contrato seja direcionada à prossecução dessas funções, e desde que o contrato em causa "vise a prossecução de interesses públicos em termos tais que este tem necessariamente que prevalecer sobre os interesses privados com ele eventualmente conflituantes"[125]. A nosso ver, nesta perspectiva deve, pois, ser lida a liberdade de utilização da forma do contrato administrativo, consagrada no artigo 278º do CCP, que só deve ser, portanto, reconhecida às pessoas colectivas públicas e às entidades privadas formalmente investidas no exercício de funções públicas[126].

2. Categorias de contratos administrativos

21. São variados os critérios que, na doutrina, têm sido propostos para a classificação dos contratos administrativos[127]. Para o efeito que nos move, que se dirige a associar os critérios classificatórios a diferenciações de regime jurídico, parece-nos, no entanto, que deve ser dada particular atenção, por um lado, aos critérios que parecem estar subjacentes às opções consagradas na Parte II e na Parte III do CCP e, por outro lado, ao critério da *causa-função*, que, a nosso ver, permite explicar

[125] Para recorrer à formulação proposta por REBELO DE SOUSA/SALGADO DE MATOS, *Direito Administrativo Geral,* tomo III, p. 290, para descrever o já mencionado *critério do grau de intensidade do interesse público prosseguido pelo contrato,* que estes Autores consideram corresponder à "aplicação do critério geral de distinção entre os actos de gestão pública e de gestão privada ao domínio da contratação administrativa e, como tal, do único critério *prima facie* aceitável à luz da teoria geral da actividade administrativa" de distinção entre contratos administrativos e contratos de direito privado, à qual já oportunamente fizemos referência e que, por isso, nos parece adequado utilizar para o efeito a que nos referimos no texto.

[126] Cfr. PEDRO GONÇALVES, *Entidades privadas com poderes públicos,* pp. 257 e 648, embora o Autor ainda não se referisse aí, naturalmente, ao regime do CCP.

[127] Para a classificação dos contratos administrativos em geral, cfr., por todos, FREITAS DO AMARAL, *Curso de Direito Administrativo,* vol. II, pp. 455 segs.; REBELO DE SOUSA/SALGADO DE MATOS, *Direito Administrativo Geral,* tomo III, pp. 310 segs.; M. J. ESTORNINHO, *Curso de Direito dos Contratos Públicos,* pp. 331 segs.. Para uma enunciação circunstanciada, a partir de uma análise da evolução dos principais tipos de contratos públicos desde as suas raízes históricas, fundadas no Direito Romano, cfr. XAVIER BEZANÇON, "Typologie, contenu et droit comparé des contrats publics», pp. 11 segs..

a necessidade de se proceder a diferenciações de regimes, para além das soluções consagradas no CCP.

A aplicação do primeiro critério conduz à autonomização das seguintes categorias de contratos:

a) *Contratos cujo objeto abrange prestações* que estão ou *são susceptíveis de estar submetidas à concorrência de mercado*, a que se refere o nº 1 do artigo 16º do CCP e que, portanto, preside, antes de mais, à delimitação do âmbito objetivo de aplicação da Parte II do CCP: noutra definição, *contratos de procura pública*, como adiante se verá;

b) *Contratos de colaboração subordinada do cocontratante na prossecução das atribuições* do contraente público, cujo paradigma se encontra subjacente ao essencial do regime do Título I da Parte III do CCP;

c) *Contratos sobre o exercício de poderes públicos*, a que se referem a alínea b) do nº 1 do artigo 280º e, em particular, os artigos 336º e 337º do CCP;

d) *Contratos interadministrativos, celebrados entre contraentes públicos, para prossecução* das respetivas atribuições, a que se refere o artigo 338º do CCP.

A aplicação do segundo critério conduz-nos à identificação das seguintes categorias de contratos:

a) *Contratos de locação ou aquisição de bens móveis e serviços:* esta categoria de contratos, também designados como *contratos de solicitação de bens e serviços ao mercado (procurement contracts for goods and services)*[128], compreende os contratos de empreitada de obras públicas, de locação, de aquisição de bens móveis e de aquisição de serviços, quando celebrados por contraentes públicos, todos eles tipificados como contratos administrativos no Título II da Parte III do CCP;

[128] Contrapondo os contratos de solicitação de produtos e serviços ao mercado aos contratos de delegação de funções ou serviços públicos e aos contratos sobre o exercício de poderes públicos, cfr. M. J. Estorninho, *Curso de Direito dos Contratos Públicos*, p. 334.

b) *Contratos de delegação de funções públicas*: são, em primeira linha, os contratos de concessão de obras públicas e de serviços, que são objeto de regulação especial no Título II da Parte III do CCP, mas também outros contratos afins, como os contratos de gestão e de colaboração a que se refere o artigo 2º, nº 4, do Decreto-Lei nº 111/2012, de 23 de maio (que correspondem aos contratos de *gestão interessada* e de *affermage* do Direito francês), que, confiando a gestão de serviços públicos ou infra-estruturas a privados, se distinguem da concessão por não envolverem a assunção pelo privado da responsabilidade de financiamento e dos riscos inerentes à gestão do serviço[129].

c) *Contratos de cooperação e de atribuição de situações de vantagem*, que, sem prejuízo das figuras atípicas, correspondem a vários contratos típicos que são objeto de regulação própria.

22. Como foi referido, a categorização enunciada foi determinada pelo propósito de associar critérios classificatórios a diferenciações de regime jurídico, no propósito de identificar as principais categorias de contratos administrativos a que o vigente ordenamento jurídico português faz corresponder a aplicação de regimes normativos próprios e diferenciados, tomando, para o efeito, como referência, em primeira linha, os critérios que parecem estar subjacentes às opções consagradas no CCP. De seguida, veremos, pois, de que modo isso se concretiza em relação a cada uma dessas categorias.

[129] Sobre a categoria contratual da *"délégation de service public"*, cfr., por todos, com amplas referências, o *dossier* publicado em *Actualité Juridique – Droit Administratif* 1996, pp. 571 segs. Foi só em tempos recentes que esta categoria de contratos foi, no seu conjunto, objeto de teorização, uma vez que, até aí, a atenção era dedicada aos concretos tipos de contratos que a integram, mas sem dela formar uma visão de conjunto que fosse, enquanto tal, objeto de estudo. Como, no referido *dossier*, explica Étienne Fatôme, "Le nouveau cadre légal", p. 579, embora a categoria dos contratos de delegação de serviço público seja antiga, foi a partir do momento em que o legislador francês optou por aprovar para ela um quadro normativo de âmbito geral que, sem criar uma categoria verdadeiramente nova, ele lhe deu visibilidade como uma das mais relevantes categorias de contratos administrativos. Para maiores desenvolvimentos, cfr., entretanto, ainda no mesmo *dossier*, Philippe Limouzin-Lamothe, "La pratique de la délégation de service public", pp. 571 segs..

A título prévio, não deixaremos, em todo o caso, de notar que, embora excluído do âmbito de aplicação do CCP, o contrato de trabalho em funções públicas é um contrato administrativo[130]. Trata-se, no entanto, de um contrato que, pelas suas especificidades, objeto de um regime próprio muito circunstanciado, corresponde, ele próprio, a uma categoria autónoma que não iremos considerar.

É, por outro lado, de referir que, pelo facto de se ter deixado influenciar de modo excessivo pelo âmbito de aplicação das Diretivas europeias da contratação pública na delimitação do seu próprio âmbito de aplicação e, mais do que isso, na delimitação da figura do contrato administrativo, o CCP também não estabelece o regime aplicável aos contratos públicos relativos a bens imóveis, excluindo, no artigo 4º, os contratos de compra e venda, doação, permuta e arrendamento de bens imóveis do âmbito de aplicação do Código. Só por si, daí não resulta, no entanto, que esses contratos não devam ser qualificados como contratos administrativos[131], na medida em que tal qualificação resulte da aplicação dos critérios do nº 1 do artigo 280º do CCP, por tais contratos serem objeto de legislação própria que os submete a um regime substantivo de direito público (artigo 280º, nº 1, alínea a) do CCP). Em termos gerais, a questão coloca-se, pois, em termos de saber se o Decreto-Lei nº 280/2007, de 7 de agosto, que define o regime jurídico do património imobiliário público, submete a um regime substantivo próprio de direito público os contratos de venda, permuta, cedência de utilização e constituição de direitos de superfície respeitantes a bens imóveis do domínio privado que nele se encontram previstos[132].

[130] A matéria é hoje regulada pela Lei Geral do Trabalho em Funções Públicas, aprovada pela Lei nº 35/2014, de 20 de junho, da qual resulta que o contrato de trabalho em funções públicas dá origem a uma relação laboral específica que só existe no âmbito da Administração e que é disciplinada por um regime de Direito Administrativo, que o pessoal contratado é recrutado através de concurso e está sujeito a um estatuto disciplinar e a um sistema de incompatibilidades e impedimentos próprios, e que a competência para a apreciação dos litígios emergentes do contrato pertence à jurisdição administrativa e fiscal.

[131] Como parece pressupor Vieira de Andrade, *Lições de Direito Administrativo*, pp. 262-263.

[132] Em sentido afirmativo, cfr. Rebelo de Sousa/Salgado de Matos, *Direito Administrativo Geral*, tomo III, pp. 317 e 326-327. Em sentido negativo, cfr. Vieira de Andrade, *Lições de Direito Administrativo*, p. 277, e Pedro Gonçalves, *Direito dos Contratos Públicos*, p. 453. No sentido, entretanto, de que é "inequivocamente administrativo" o contrato de aquisição

I. Contratos cujo objeto abrange prestações que estão ou são susceptíveis de estar submetidas à concorrência de mercado

23. É a esta categoria de contratos que se dirige a regulação decorrente das Diretivas e dos princípios jurídicos fundamentais do Direito da União Europeia em matéria de contratação pública. É por esse motivo que o nº 1 do artigo 16º do CCP lhe faz expressa referência, assumindo – como, por outro lado, resulta do nº 1 do artigo 5º do CCP – que este é o primeiro e mais determinante critério de delimitação do âmbito objetivo de aplicação da Parte II do CCP. É verdade que a Parte II do CCP não se aplica a todos os contratos que integram esta categoria, na medida em que os artigos 4º e 5º excluem algumas das suas espécies do âmbito de aplicação do CCP ou, pelo menos, da sua Parte II. No entanto, o procedimento de formação da generalidade dessas espécies de contratos é objeto de regulação própria em legislação especial, cujos princípios inspiradores fundamentais são comuns àqueles que presidem ao regime da Parte II do CCP. E, mesmo nos casos em que não seja objeto de regulação própria, deve entender-se que esses princípios devem ser igualmente aplicáveis ao respetivo procedimento de formação.

O essencial do regime normativo aplicável a esta categoria de contratos tem, assim, por objeto regular o respetivo procedimento de formação, embora tenha algumas projeções no plano do respetivo regime de execução. Estes contratos não são, pois, todos necessariamente contratos administrativos, embora, de um modo geral, o sejam. Essa circunstância determina que esta categoria de contratos seja separada das outras que foram enunciadas e faz com que o critério que preside à sua autonomização possa ser cruzado com os demais. Este facto não prejudica, no entanto, a autonomização da categoria em referência, em função da especificidade dos regimes normativos que lhes correspondem.

A nosso ver, pode, portanto, afirmar-se que, no nosso ordenamento jurídico, existe um regime normativo comum aplicável à categoria dos contratos cujo objeto abrange prestações que estão ou são susceptíveis de estar submetidas à concorrência de mercado.

Coloca-se, entretanto, a questão de saber se esta categoria de contratos abrange contratos de atribuição pelo contraente público de situa-

de bens imóveis por entidades públicas, cfr. Rebelo de Sousa/Salgado de Matos, *Direito Administrativo Geral,* tomo III, pp. 426-427.

ções de vantagem ao cocontratante, designadamente quando estes têm por objeto a alocação de recursos escassos. Parte da doutrina tem-no defendido[133], mas a solução suscita-nos fundadas dúvidas, parecendo-nos, pelo contrário, que a categoria dos contratos cujo objeto abrange prestações que estão ou são susceptíveis de estar submetidas à concorrência de mercado deve ser identificada com a categoria dos contratos cujo pressuposto determinante é a necessidade das entidades adjudicantes de obterem bens ou serviços de que carecem[134] e, portanto, de se dirigirem ao mercado na qualidade de *clientes:* os chamados *contratos de procura pública (commande publique)*[135].

Na verdade, o regime aplicável aos procedimentos de contratação pública dirigidos à aquisição de bens móveis e serviços pelas entidades públicas não é apenas determinado pelo valor da *igualdade de oportunidades de acesso aos benefícios públicos* dos interessados em obter as utili-

[133] Cfr. VIEIRA DE ANDRADE, *Lições de Direito Administrativo,* p. 263. Não se afigura, entretanto, clara a posição de REBELO DE SOUSA/SALGADO DE MATOS, *Direito Administrativo Geral,* tomo III, que, por um lado, qualificam os contratos para constituição de direitos sobre bens do domínio privado da Administração como "contratos cujo objeto abranja prestações submetidas à concorrência de mercado" (p. 301) e defendem que "recaem na cláusula geral do art. 16º, 1 CCP os contratos em que a administração figure como [...] devedora de uma prestação para a qual possa existir uma pluralidade de interessados", e, portanto, que "os contratos a que se refere o art. 16, 1 CCP são quer de colaboração, quer de atribuição" (p. 341); mas, por outro lado, acrescentam que «os procedimentos previstos na Parte II do CCP estão funcionalmente direcionados, em particular, para a formação dos contratos de colaboração para a escolha de propostas» (p. 342) e que a Parte II do CCP não se aplica «a contratos de atribuição de bens exclusivos ou escassos [por exemplo, os contratos de atribuição de subsídios ou de alienação ou locação de bens móveis e de prestação de serviços pela administração» excluídos pelo artigo 5º do CCP].

[134] Cfr., a propósito, SÉRVULO CORREIA, *Legalidade e autonomia contratual no contrato administrativo,* pp. 690-691.

[135] Neste sentido, PEDRO GONÇALVES, *Direito dos Contratos Públicos,* pp. 109-110; MIGUEL ASSIS RAIMUNDO, "O *objeto sujeito à concorrência de mercado* no Código dos Contratos Públicos", in *Estudos de Homenagem ao Prof. Doutor Jorge Miranda,* vol. IV, Coimbra, 2012, p. 692, e "As 'excepções' da contratação pública e da concorrência", in CLÁUDIA TRABUCO/VERA EIRÓ (eds.), *Contratação pública e concorrência,* Coimbra, 2013, p. 129. O conceito corresponde ao conceito francês de *commande publique,* compreendendo os tradicionais *marchés publics,* que têm por objeto a aquisição de bens e serviços, e os contratos de delegação de funções públicas, como as concessões; sobre o conceito de *commande publique* no Direito francês, cfr., v.g., GONOD/MELLERAY/YOLKA, *Traité de Droit Administratif,* pp. 241-242 e 270-271; RIVERO//WALINE, *Droit Administratif,* p. 379; GABRIEL ECKERT, "Réfléxions sur l' évolution du droit des contrats publics", *Revue Française du Droit Administratif* 2006, pp. 241-243.

dades que dependem da celebração desses contratos, mas também por um valor de *racionalidade e eficiência na gestão dos recursos públicos*, que exige a escolha pelas entidades adjudicantes das propostas mais eficientes, que lhes permitam obter "o melhor negócio possível" *(best value for money)*. Ora, são inspiradas por este objetivo específico muitas das soluções consagradas na Parte II do CCP, que não faz, por isso, sentido aplicar a procedimentos que não sejam de *procura pública*. No dizer de *Pedro Gonçalves*, também quanto a nós deve, pois, entender-se que "a aplicação da Parte II do CCP funda-se no critério da *procura pública (que suscite interesse concorrencial)* e não apenas no critério isolado do *interesse concorrencial*"[136].

Isto, naturalmente, sem prejuízo de se reconhecer que também os demais contratos que envolvem a alocação por entidades públicas do acesso de privados a recursos escassos devem ser precedidos de procedimentos de formação de caráter concorrencial, regidos por princípios de publicidade, transparência e garantia de igualdade de oportunidades de acesso.

II. Contratos de colaboração subordinada do cocontratante na prossecução das atribuições do contraente público

24. Dissemos atrás que a razão pela qual autonomizamos esta categoria classificatória decorre do facto de estes contratos constituirem a categoria paradigmática que se encontra subjacente ao essencial do regime do Título I da Parte III do CCP.

Como foi atrás referido, a característica comum que, de um modo geral, apresentavam os contratos administrativos que se encontravam tipificados no Código Administrativo de 1936/1940 era a de associarem o contraente privado ao desempenho regular e contínuo de atribuições administrativas do contraente público, dando, desse modo, origem a um vínculo tendencialmente estável e prolongado no tempo de colaboração do privado no desempenho de atribuições da entidade pública contratante. Foi nesse contexto que, na doutrina portuguesa, foi construída a categoria dos contratos administrativos de colaboração subordinada[137].

[136] Cfr. Pedro Gonçalves, *Direito dos Contratos Públicos*, p. 110.

[137] Cfr. Marcello Caetano, *Manual de Direito Administrativo*, vol. I, pp. 579 segs., e a síntese em Sérvulo Correia, *Legalidade e autonomia contratual no contrato administrativo*, pp. 418-421.

Como já foi referido, é, entretanto, notório que o regime do Título I da Parte III foi, nos seus aspetos essenciais, pensado em função do modelo paradigmático dos contratos de colaboração subordinada, em termos de, a nosso ver, se poder e dever mesmo sustentar que, em muitos dos seus aspetos, ele não é aplicável a outras categorias de contratos administrativos[138]. Ora, esta circunstância justifica, como foi dito, a autonomização desta categoria de contratos.

Devem ser, desde logo, qualificados como contratos de colaboração subordinada os contratos de empreitada de obras públicas e os contratos de concessão de obras públicas e de serviços públicos, tipificados no Título II da Parte III do CCP, assim como os demais contratos de delegação de funções públicas, que, sem irem ao ponto de atribuir uma concessão, têm por causa-função a associação duradoura do cocontratante à prossecução dos fins do contraente público.

Já se afigura mais problemática a qualificação nesse sentido dos demais contratos de concessão, em que, mais do que numa dimensão de colaboração do cocontratante com a prossecução dos fins do contraente público, o acento tónico parece residir na atribuição de uma situação de vantagem ao cocontratante: a questão coloca-se, desde logo, no que diz respeito aos contratos de concessão de uso privativo do domínio público, mas também aos contratos de concessão de exploração do domínio público e de exploração de jogos de fortuna e azar[139]. Ainda que se

[138] Era, na verdade, a esses contratos que, até ao surgimento do CCP, era defendida a aplicabilidade de regime com tal conteúdo: cfr. Sérvulo Correia, *Legalidade e autonomia contratual no contrato administrativo,* p. 731. O que, aliás, explica que também fosse a esses contratos que o Projeto de Código de Processo Administrativo Gracioso circunscrevia o âmbito de aplicação do regime correspondente: cfr., a propósito, as referências em Sérvulo Correia, *Legalidade e autonomia contratual no contrato administrativo,* pp. 418 e 419, nota 149. E, ainda hoje, é a esses contratos que Freitas do Amaral, *Curso de Direito Administrativo,* vol. II, p. 458, associa a titularidade, pelo contraente público, dos poderes previstos no artigo 302º do CCP.

[139] Cfr. Vieira de Andrade, "Princípio da legalidade e autonomia da vontade na contratação pública", pp. 69-70, e *Lições de Direito Administrativo,* pp. 271-273, que delimita de modo restritivo os contratos de colaboração subordinada, dentro de uma categoria mais ampla dos *contratos de subordinação*, que define pela finalidade principal da realização do interesse público, de modo a implicar a predominância da entidade administrativa, e na qual integra os contratos de concessão de exploração do domínio público e de concessão de uso privativo do domínio público, que qualifica como contratos de subordinação, mas de atribuição, e não de colaboração. Qualificando, entretanto, os contratos de concessão de uso privativo do

entenda, no entanto, qualificar estes contratos como contratos de atribuição, o estatuto de subordinação que deles resulta para o cocontratante é um traço distintivo que os separa dos demais contratos de atribuição e os aproxima dos contratos de colaboração subordinada – aliás, o artigo 408º do CCP submete mesmo os contratos de concessão de exploração de bens do domínio público à aplicação subsidiária do regime das concessões de obras públicas e de serviços públicos[140].

Já no que diz respeito aos *contratos de aquisição e locação de bens móveis e de aquisição de serviços* por contraentes públicos, que o CCP tipifica, em bloco, como contratos administrativos no Título II da sua Parte III, há, a nosso ver, que distinguir, como se fazia no passado, as simples aquisições avulsas, que são contratos com prestações instantâneas ou de execução imediata, que pressupõem a sua realização num só momento com a consequente extinção, dos *contratos de fornecimento contínuo*, que, de harmonia com o que atrás foi dito, por serem *contratos constitutivos de relações duradouras*, devem ser, quanto a nós, qualificados como contratos de colaboração subordinada.

A nosso ver, o traço distintivo dos contratos de colaboração subordinada reside, na verdade, na tendencial *durabilidade* das relações jurídicas de colaboração dos particulares com a Administração a que dão origem[141]. E compreende-se que os contratos que envolvem a associação

domínio público como contratos de atribuição e os contratos de concessão de exploração do domínio público e de exploração de jogos de fortuna e azar como contratos de colaboração, mas sem autonomizar uma categoria de contratos de atribuição subordinada, cfr. Rebelo de Sousa/Salgado de Matos, *Direito Administrativo Geral*, tomo III, p. 315. Já para Pedro Gonçalves, *Direito dos Contratos Públicos*, p. 474, o contrato de concessão do uso privativo do domínio público é um contrato sobre o exercício de poderes públicos, que substitui um ato administrativo.

[140] Para a caracterização dos diferentes tipos de concessões, cfr., por todos, Freitas do Amaral, *Curso de Direito Administrativo*, vol. II, pp. 463 segs.; Rebelo de Sousa/Salgado de Matos, *Direito Administrativo Geral*, tomo III, pp. 319 segs.. Para o aprofundamento da análise das concessões, cfr. Diogo Freitas do Amaral/Lino Torgal, *Estudos sobre concessões e outros atos da Administração*, Coimbra, 2002; Pedro Gonçalves, *A concessão de serviços públicos*, Coimbra, 1999.

[141] Cfr. Marcello Caetano, "Conceito de contrato administrativo", in Marcello Caetano, *Estudos de Direito Administrativo*, p. 48. Na classificação de Rebelo de Sousa/Salgado de Matos, *Direito Administrativo Geral*, tomo III, p. 317, enquadram-se, assim, na categoria dos contratos de *execução* continuada, que os Autores ilustram com os exemplos dos contratos de empreitada de obras públicas e dos contratos de concessão. Apontando a associação

duradoura do contraente privado à prossecução do interesse público a cargo da Administração sejam objeto de atenção especial, e, na medida em que tal se justifique, de um tratamento normativo próprio. Como assinala *Vieira de Andrade,* os "contratos de *subordinação* que implicam uma relação de *longa duração* – entre eles, alguns dos mais clássicos da atividade administrativa" – são "os mais interessantes do ponto de vista do direito administrativo" porque "é num contexto de *tempo longo* que a execução é mais importante e em que são mais prováveis as vicissitudes impostas pela alteração das circunstâncias e pelas necessidades de adaptação do interesse público"[142].

Aliás, também no âmbito do Direito privado é atribuída uma específica relevância à durabilidade na determinação do conteúdo do regime aplicável às relações jurídicas contratuais. Tomando, pois, por referência as categorizações elaboradas nesse domínio, pode, a nosso ver, dizer-se que os contratos de delegação de funções públicas, de que a concessão constitui o paradigma, se inscrevem na categoria dos *contratos constitutivos de relações jurídicas duradouras,* que em Direito privado são submetidos a regimes particulares de denúncia e resolução; e que a empreitada de obras públicas se inscreve na categoria dos *contratos com presta*ção de exe*cu*ção prolongada, aos quais, em Direito privado, se considera serem extensíveis alguns aspetos do regime aplicável à categoria referida em primeiro lugar[143].

Não se deixa, em todo o caso, de notar que, do ponto de vista da respetiva *causa-fun*ção, é profunda a diferença que separa o contrato de empreitada de obras públicas dos contratos de delegação de funções públicas, designadamente dos contratos de concessão. Na verdade,

duradoura do cocontratante à prossecução dos fins do contraente público como o elemento justificativo da sua sujeição à disciplina do interesse público no âmbito do contrato de colaboração subordinada, cfr. SÉRVULO CORREIA, *Legalidade e autonomia contratual no contrato administrativo,* p. 365.

[142] Cfr. VIEIRA DE ANDRADE, "Princípio da legalidade e autonomia da vontade na contratação pública", p. 70. Cfr. também MARK KIRKBY, *Contratos sobre o exercício de poderes públicos,* p. 289, e a referência final de BARBOSA DE MELO, "A ideia de contrato no centro do universo jurídico-público", in *Estudos de Contratação Pública,* vol. I, Coimbra, 2008, p. 20, à especificidade dos *contratos administrativos duradouros.*

[143] Para a categorização de Direito privado referida no texto, com outros desenvolvimentos e precisões, cfr., por todos, PEDRO ROMANO MARTINEZ, *Da cessação do contrato,* 2ª ed., Coimbra, 2006, pp. 229 segs..

são distintas as raízes de cada um dos dois tipos de contratos, sendo, por isso, muito diferenciada a relevância que cada um deles teve para a formação da teoria francesa do contrato administrativo: com efeito, se o corpo pretensamente unitário dos princípios do contrato administrativo francês – do qual, entre nós, derivou a teoria da sujeição que foi associada aos contratos de colaboração subordinada – amalgamou no seu seio manifestações típicas de regime, tanto da empreitada de obras públicas, como das concessões, a verdade é que, como vimos atrás, foi por referência à figura paradigmática da concessão de serviço público que ele foi primacialmente edificado[144] – como se compreende, atendendo à especificidade jurídico-pública que para a concessão resulta do facto de que, enquanto o empreiteiro se limita a prestar um serviço à Administração, no âmbito de um *marché public,* a concessão tem o próprio serviço público por objeto, assumindo o concessionário do serviço público, em nome próprio, a responsabilidade pela continuidade da própria realização das tarefas públicas a cargo da Administração[145].

III. Contratos sobre o exercício de poderes públicos

25. Como já foi referido, o CCP faz referência autónoma a esta categoria de contratos administrativos, para o efeito de lhes fazer corresponder um regime próprio, em vários artigos do Título I da sua Parte III, a

[144] Na verdade, não é, a nosso ver, por acaso que se centra na análise comparativa do regime francês das empreitadas de obras públicas com o correspondente regime da empreitada de direito privado, e não na análise do regime das concessões, a importante e muito referida tese de François Llorens, *Contrat d' entreprise et marché de travaux public – Contribution à la comparaison entre contrat de droit privé et contrat administratif,* Paris, 1981, que põe em causa as especificidades do regime do contrato administrativo na comparação entre os dois tipos referidos de contratos, na senda da qual se podem ver, na doutrina portuguesa, as posições de M. J. Estorninho, *Requiem pelo contrato administrativo,* pp. 142 segs..

[145] É, na verdade, comum, na doutrina francesa, a repartição dos contratos públicos em duas categorias, entre as quais se reconhece existirem diferenças fundamentais: os contratos que implicam delegação de missões públicas, de que a concessão constitui o arquétipo, e os contratos que não implicam delegação de missões públicas, que incluem os *marchés publics,* em que se enquadra a empreitada de obras públicas: cfr., v.g., Michel Fromont, *Droit administratif des États européens,* pp. 300-301; Xavier Bezançon, "Typologie, contenu et droit comparé des contrats publics", pp. 11 segs., a partir de uma circunstanciada análise dos contratos públicos históricos desde o Direito Romano.

começar, como já vimos, pela alínea b) do nº 1 do artigo 280º, e, em particular, nos artigos 336º e 337º.

O Código não explicita de forma clara o sentido com que, em diversos preceitos, emprega a expressão "contratos com objeto passível de ato administrativo e demais contratos sobre o exercício de poderes públicos". Parece, no entanto, resultar, tanto do nº 1 do artigo 287º, como do nº 1 do artigo 337º, que, por "contratos com objeto passível de ato administrativo", o Código pretende referir-se aos contratos que sejam celebrados em substituição de atos administrativos, no exercício da permissão genérica que, nesse sentido, resulta do seu artigo 278º[146].

Em nossa opinião, deve, por isso, entender-se que é esse o sentido que, no nosso ordenamento jurídico, corresponde ao conceito, designadamente para o efeito do disposto no nº 1 do artigo 285º do CCP, e, portanto, que, no nosso ordenamento jurídico, o conceito não abrange os contratos de concessão de obras públicas ou de serviços públicos, que não são contratos celebrados em substituição de atos administrativos porque as referidas concessões não correspondem, no nosso ordenamento jurídico, a tipos normativos de atos administrativos, mas a contratos administrativos típicos[147]. Quanto aos "demais contratos sobre o exercício de poderes públicos", parece de entender que correspondem, em primeira linha, aos contratos pelos quais o contraente público se compromete quanto aos termos em que procederá ao exercício futuro dos seus poderes, a que, em parte, se refere o nº 2 do artigo 337º.

A categoria em referência corresponde, assim, em primeira linha, às duas espécies de contratos que, no Direito alemão, foram consagradas na lei de procedimento de 1976 como correspondendo à figura do *contrato de direito público* – figura, como houve oportunidade de ver, de importação recente no nosso ordenamento jurídico e em relação à qual, como adiante se verá, se colocam, por isso, dificuldades quanto à determinação do respetivo regime jurídico: os *contratos substitutivos de atos administrativos* e os *contratos através dos quais a Administração se vincula quanto aos termos em que irá proceder ao exercício futuro dos seus poderes,* seja através da prática de atos administrativos, seja da emanação de regulamentos.

[146] No mesmo sentido, cfr. Rebelo de Sousa/Salgado de Matos, *Direito Administrativo Geral,* tomo III, p. 312.

[147] No mesmo sentido, cfr. Pedro Gonçalves, *Direito dos Contratos Públicos,* pp. 472-473.

A prática administrativa e o próprio quadro legal permitem ainda identificar uma outra figura, que se enquadra na categoria dos contratos sobre o exercício de poderes públicos e, como tal, deve ser referenciada neste ponto do nosso programa: os *contratos regulamentares,* que têm por objeto a substituição de um regulamento, para o efeito de editar, com caráter geral e abstrato, regimes normativos aplicáveis a terceiros, que não tomam parte na outorga do contrato[148].

A circunstância de os contratos regulamentares ou referentes à emanação futura de regulamentos terem menor relevância prática do que os que substituem ou dizem respeito à prática de atos administrativos justifica que, por razões de economia, que impõem a realização de escolhas, o objeto da análise a que adiante se procederá do problema do regime substantivo aplicável aos contratos sobre o exercício de poderes públicos se centre apenas nos contratos substitutivos de atos administrativos e nos contratos através dos quais a Administração se vincula quanto aos termos da prática futura de atos administrativos.

Este é, no entanto, o momento adequado para fazer referência aos *contratos regulamentares* e aos *contratos sobre o exercício futuro do poder regulamentar*, enquanto *contratos sobre o exercício de poderes públicos*[149], assim como a figuras próximas como os *contratos com efeitos regulamentares*, que, não sendo substitutivos de regulamentos, contêm "cláusulas contratuais de eficácia normativa" para terceiros, e os *contratos regulatórios,* que são celebrados, no âmbito da regulação administrativa, entre entidades reguladoras e entidades reguladas[150].

[148] Sobre a figura do *contrato regulamentar,* cfr. Jorge Alves Correia, "Contrato e poder público administrativo – em especial, os "novos" contratos com objeto passível de regulamento administrativo", in *Estudos em Homenagem ao Prof. Doutor José Joaquim Gomes Canotilho,* vol. IV, Coimbra, 2012, pp. 207-210, com outras referências, e, por último, *Contrato e Poder Administrativo,* pp. 672 segs..

[149] Cfr. ainda Jorge Alves Correia, "Contrato e poder público administrativo", pp. 218-219.

[150] Para a análise comparativa das diferentes figuras em referência no texto, cfr. Ana Raquel Gonçalves Moniz, *Estudos sobre os regulamentos administrativos,* Coimbra, 2013, pp. 145 segs.. Especificamente sobre os *contratos regulatórios,* cfr. Pedro Gonçalves, "Regulação administrativa e contrato", in *Estudos em Homenagem ao Prof. Doutor Sérvulo Correia,* vol. II, Coimbra, 2010, pp. 1012 segs., com outras referências.

IV. Contratos interadministrativos

26. A autonomização da categoria dos *contratos interadministrativos* funda-se num critério subjetivo, assente na qualificação das partes que celebram o contrato: *contratos interadministrativos* são *contratos celebrados entre duas ou mais entidades que integrem a Administração, para prossecução das respetivas atribuições*. É, por isso, natural que o âmbito da categoria dos contratos interadministrativos se sobreponha ao de outras categorias de contratos administrativos, autonomizadas em função da aplicação de outros critérios, como o da causa-função, com os quais aquela se entrecruza. Na verdade, integram a categoria dos contratos interadministrativos os contratos que, simultaneamente, reunam o atributo de serem contratos administrativos, por aplicação dos critérios de qualificação do artigo 280º, nº 1, do CCP, e serem celebrados entre entidades administrativas[151].

Pela relevância de que, nos nossos dias, ela se reveste, merece, a nosso ver, referência particular neste contexto a diferenciação que, no âmbito das relações entre entidades públicas, deve ser estabelecida entre os contratos interadministrativos e outras figuras, que, embora envolvendo a assunção de *compromissos* bilaterais entre as partes que nelas outorgam, devem ser qualificados como acordos informais, desprovidos da força jurídica vinculativa própria dos contratos, pelo que não devem ser qualificados deste modo – tema que, perante os diferentes casos concretos, não raro convoca questões delicadas de interpretação contratual, num contexto em que o *nomem* não é, só por si, determinante, atenta a tendência generalizada para se atribuir a designação de *protocolo* aos acordos concluídos entre entidades públicas, independentemente da natureza de que se revestem[152].

Fala-se, nos nosso dias, a este propósito, do surgimento de uma nova *Administração contratual*, em que o tradicional modelo burocrático, fundado numa lógica vertical de estruturação relacional hierárquica, cedeu o terreno a uma nova *cultura do contrato* no domínio da gestão pública. Referimo-nos ao fenómeno de contratualização no âmbito da Adminis-

[151] Assinalando o ponto, cfr. PEDRO GONÇALVES, *Direito dos Contratos Públicos*, pp. 454-455.

[152] Em geral sobre o tema, cfr. ALEXANDRA LEITÃO, *Contratos interadministrativos*, Coimbra, 2011, pp. 116 segs..

tração, que, no quadro do movimento do *New Public Management*[153], que, a partir do Reino Unido, varreu a Europa desde o final dos anos oitenta do século passado[154], assenta na afirmação de um novo modelo de gestão pública, que, entre várias outras dimensões, passa, para o efeito que, neste contexto, nos interessa, pela celebração de acordos no interior das próprias organizações administrativas, através dos quais se procede à contratualização de objetivos de gestão e dos modos de os prosseguir.

Cumpre notar que o movimento do *New Public Management* comporta várias dimensões, de sentido e alcance diversificados. As mais importantes, concretizam-se, aliás, na privatização de tarefas públicas, na delegação de funções públicas em privados e na constituição de parcerias público-privadas assentes na captação de financiamento privado para a execução de empreendimentos públicos. Por outro lado, na mesma linha se inscreve a afirmação da técnica da celebração de contratos-programa entre pessoas coletivas públicas, dirigidos a promover o atingimento de objetivos de gestão por parte de entidades submetidas a poderes de superintendência e tutela, como, entre nós, sucede em contratos celebrados pelo Estado com institutos públicos ou entes públicos empresariais, como os hospitais – hipótese em que o contrato, enquanto instrumento de concertação dos objetivos a atingir e dos métodos para

[153] Sobre o tema, cfr., por exemplo, Batley/Larbi, *The Changing Role of Government: The Reform of Public Services,* New York, 2004; Dent/Chandler/Barry, *Questioning the New Public Management,* Hants, 2004; Wade Maclauchlan, "Public Service and the New Public Management", in Michael Taggart (ed.), *The Province of Administrative Law,* Oxford, 1997, pp. 118 segs.; Norman Lewis, "The Citizen's Charter and Next Steps: A new way of governing", *Political Quarterly* 1993, pp. 316 segs.; Mathias Ruffert, "The transformation of Administrative Law as a transnational methodological project", in Mathias Ruffert (ed.), *The Transformation of Administrative Law in Europe,* Munique, 2007, pp. 24 segs.; Dawn Oliver/ /Gavin Drewry, *Public Service Reforms,* Londres, 1996, pp. 15 segs.; e os interessantes textos de Mark Freedland, "Government by contract and public law", e de Norman Lewis, "Reviewing change in government: New Public Management and Next Steps", ambos in *Public Law* 1994, pp. 86 segs. e 105 segs., respetivamente.

[154] Para o Direito francês, cfr., v.g., Sébastien Hourson, *Les conventions d' administration,* Paris, 2014; Nadine Poulet-Gibot Lecrec, "La contractualisation des relations entre personnes publiques", *Revue Française de Droit Administratif* 1999, pp. 551 segs.; Maryvonne Hécquard Théron, "La contractualisation des actions et des moyens publics d' intervention", *Actualité Juridique – Droit Administratif* 1993, pp. 451 segs.; Jean-David Dreyfus, "Contrats administratifs entre personnes publiques et théorie générale des contrats administratifs", *Actualité Juridique – Droit Administratif* 2013, pp. 846 segs..

o fazer, funciona como um sucedâneo do funcionamento normal das relações de superintendência e tutela[155]. Estamos, aqui, perante *contratos interadministrativos*.

Mas a dimensão mais relevante, para o efeito que, neste passo da exposição, importa assinalar, e que, a nosso ver, se revela como das mais interessantes que o movimento do *New Public Management* trouxe consigo, é a que, no propósito de promover a maior economicidade, eficácia e eficiência dos serviços públicos, através da adoção de modelos de gestão mais próximos daqueles que são adotados no sector privado, envolve *(i)* a atribuição de autonomia de gestão a serviços desprovidos de personalidade jurídica, acompanhada da fixação de objetivos de gestão a atingir por esses serviços e de indicadores anuais de aferição do atingimento desses objetivos, e implica *(ii)* que os responsáveis desses serviços conduzam a sua atuação em função da prossecução dos objetivos de gestão que foram consigo contratualizados e que, por conseguinte, eles sejam premiados ou responsabilizados em função do atingimento ou não desses objetivos.

A nosso ver, o que esta dimensão do movimento do *New Public Management* tem de mais característico é o facto de, sem alterar o modelo organizacional dos serviços, envolver a assunção de vínculos consensualmente assumidos num plano intra-administrativo, isto é, no quadro de relações em que os protagonistas não são pessoas jurídicas, mas figuras e estruturas organizativas entre si ligadas por relações de hierarquia, às quais, por não serem dotadas de personalidade jurídica, tende a ser negada a capacidade para se vincularem juridicamente através de verdadeiros contratos[156].

[155] Cfr., a propósito, LICÍNIO LOPES MARTINS, "Contrato público e organização administrativa", in *Estudos de Contratação Pública*, vol. I, Coimbra, 2008, pp. 727-729.

[156] Em geral sobre o problema, cfr., v.g., ANNE C.L. DAVIES, *Accountability – A Public Law Analysis of Government by Contract*, pp. 27 segs. (o capítulo deste livro respeitante aos *internal contracts* encontra-se disponível online em www.oxfordscolarship.com); numa perspectiva diferente, PETER VINCENT-JONES, *The new public contracting*, Oxford, 2006, pp. 43 segs.; e o *Dossier* sobre "Administration contractuelle" in *L' Actualié Juridique Droit Administratif* 2003, nº 19, pp. 970 segs., com o texto de LAURENT RICHER, "La contractualisation comme technique de gestion des affaires publiques", a pp. 973 segs.. Na doutrina portuguesa, cfr. PAULO OTERO, *Direito do Procedimento Administrativo*, pp. 340-342, com outras referências; ALEXANDRA LEITÃO, *Contratos interadministrativos*, pp. 173 segs..

No Reino Unido, é discutida a natureza dos instrumentos (*framework documents*) através dos quais se formalizam estes acordos de gestão no âmbito das chamadas *Next Steps Agencies*[157]. Mas a questão também se coloca, na mesma linha, em outros países europeus, como em Portugal, a propósito de contratos como, por exemplo, os contratos-programa celebrados entre Agrupamentos de Centros de Saúde e Administrações Regionais de Saúde, que, também no propósito de promover a adoção de métodos mais eficientes de gestão dos serviços públicos, instituem quadros de relações que, no âmbito das matérias que constituem o seu objeto, se configuram como um sucedâneo do funcionamento normal das relações de hierarquia existentes entre as figuras organizatórias envolvidas[158].

27. Dentro do universo dos contratos interadministrativos, há que distinguir aqueles que poderiam ser celebrados, nos mesmos termos, entre um contraente público e um cocontratante privado, daqueles que apresentam características que os diferenciem intrinsecamente dos demais, consubstanciando formas de cooperação interadministrativa que só podem ser constituídas entre entidades públicas[159].

a) São variadas as espécies de contratos interadministrativos que a doutrina tem identificado como não sendo susceptíveis de serem celebrados entre um contraente público e um cocontratante privado, por possuirem um objeto que os diferencia intrinsecamente dos demais, consubstanciando formas de cooperação interadministrativa que só podem ser constituídas entre entidades públicas: contratos de colaboração e auxílio técnico e financeiro, contratos sobre competências, contratos procedimentais, contratos-plano, contratos normativos, contratos insti-

[157] Cfr., a propósito, Mark Freedland, "Government by contract and public law", pp. 88-89; Ian Harden, *The Contracting State*, Buckingham, 1992, p. 146.

[158] Cfr., a propósito, Licínio Martins, "Contrato público e organização administrativa", pp. 730-732.

[159] Cfr. Alexandra Leitão, "Contratos entre entidades adjudicantes", *Revista de Contratos Públicos* nº 2, p. 129; Gimeno Feliú, *El nuevo paquete legislativo comunitário sobre contratación pública. De la burocracia a la estrategia*, Navarra, 2014, p. 79.

tucionais[160]. A análise tipológica de contratos previstos em lei especial permite identificar espécimes contratuais passíveis de serem subsumidos a cada uma destas categorias de contratos. Como, no entanto, é notado na doutrina, «a elaboração de uma tipologia de contratos interadministrativos é uma tarefa muito complexa devido à diversidade de figuras existentes, quer na legislação nacional, quer no plano de facto, uma vez que a celebração destes contratos não está sujeita a nenhuma tipicidade legal»[161].

b) As entidades públicas podem, entretanto, adquirir a outras entidades públicas bens ou serviços de natureza substancialmente idêntica à das que elas podem obter de privados.

No presente estádio de evolução do Direito europeu e nacional da contratação pública, reveste-se, por isso, de especial interesse a questão da diferenciação das situações em que entidades públicas recorrem ao mercado para contratar com outras entidades públicas, daquelas em que contratam com elas sem recurso ao mercado – de especial interesse, à face do inovatório regime que, com base na jurisprudência anterior do Tribunal de Justiça da União Europeia, foi introduzido pelas Diretivas de 2014 sobre a matéria e, na revisão do CCP, agora transposto para o seu artigo 5º-A.

Com efeito, no primeiro caso, estamos perante contratos que, à luz do critério subjetivo, são contratos interadministrativos, mas que, por aplicação do critério da causa-função, são vulgares contratos de procura pública, cuja celebração está submetida às regras da contratação pública. Na verdade, os contratos interadministrativos cujo objeto abranja prestações típicas dos contratos compreendidos no âmbito de aplicação das Diretivas estão submetidos às regras de contratação pública da Parte II do CCP. Quando uma entidade pública opte por recorrer ao mercado, ela deve, pois, fazê-lo observando as exigências impostas pelas regras da contratação pública, pelo que não pode, nesse contexto, proporcionar a outras entidades públicas um tratamento discriminatório em relação

[160] Cfr. Alexandra Leitão, *Contratos interadministrativos*, pp. 192 segs., e a síntese em "Da natureza vinculativa dos contratos interadministrativos", *Cadernos de Justiça Administrativa* nº 95, pp. 36-37.

[161] Cfr. Alexandra Leitão, "Os contratos interadministrativos", in *Estudos de Contratação Pública*, vol. I, Coimbra, 2008, p. 756.

àquele que deve assegurar, em igualdade de condições, aos demais operadores no mercado[162].

O Direito da contratação pública tem, no entanto, o cuidado de distinguir as situações em que as entidades públicas recorrem ao mercado, das situações em que elas não o fazem, adquirindo prestações susceptíveis de estar submetidas à concorrência de mercado, mas sem recorrerem ao mercado. E são de dois tipos as situações em que a contratação entre entidades públicas, para a obtenção de prestações de natureza substancialmente idêntica àquelas que podem ser obtidas de privados, não envolve recurso ao mercado, nem, por isso, submissão às regras da contratação pública (para a transposição do regime das Diretivas sobre esta matéria, cfr. artigo 5º-A do CCP).

O primeiro desses dois tipos de situações corresponde à chamada *contratação in house*. Na verdade, o simples facto de determinadas prestações estarem disponíveis no mercado não implica que as entidades públicas estejam obrigadas a recorrer ao mercado para as obterem. E, nesse sentido, a jurisprudência do Tribunal de Justiça da União Europeia, e, na sequência dela, as Diretivas de 2014, reconheceram a possibilidade de entidades públicas adquirirem prestações disponíveis no mercado, sem a necessidade de recorrerem ao mercado, quando possam adquirir essas prestações a outras entidades públicas que com elas estabeleçam uma relação de natureza análoga àquela que, no interior de uma única entidade pública, se estabelece entre os respetivos serviços. As relações contratuais constituídas num contexto dessa natureza são equiparadas a relações internas, como se fossem relações intra-administrativas. São, por isso, qualificadas como relações *in house*, mediante as quais se entende que as entidades públicas satisfazem as suas necessidades pelos seus próprios meios, sem recurso ao mercado e, por esse motivo, sem submissão às regras da contratação pública[163].

[162] Cfr., por todos, SUE ARROWSMITH, *The Law of Public and Utilities Procurement: Regulation in the EU and UK*, 3ª ed., Londres, 2014, p. 499; CHRISTOPHER BOVIS, "Public contracts in public procurement regulation", in CHRISTOPHER BOVIS (ed.), *Research Handbook on EU Public Procurement Law*, Cheltenham, 2016, pp. 106-107.

[163] Sobre o regime de contratação *in house* nas Diretivas de 2014, cfr., por exemplo, MARTIN BURGI, "Contracting authorities, in-house services and public authorities cooperation", in FRANÇOIS LICHÈRE/ROBERTO CARANTA/STEEN TREUMER (eds.), *Modernising Public Procurement: The New Directive*, Copenhaga, 2014, pp. 54-59; SUE ARROWSMITH, *The Law of Public and Utilities Procurement*, pp. 502 segs.; GIMENO FELIÚ, *El nuevo paquete legislativo comunitário*

É de notar que, nesta matéria, as Diretivas de 2014 vieram estabelecer, com caráter inovatório, a identificação de diferentes modalidades que a contratação *in house* pode assumir, consoante a relação se estabelece entre a entidade (ou entidades, no caso de controlo conjunto) que controla e aquela que é controlada *(modelo vertical)*, entre a entidade controlada e a entidade que a controla *(modelo vertical invertido)*, entre duas entidades controladas por uma outra entidade *(modelo de cooperação horizontal institucionalizada)* e entre uma entidade que controla outra e uma terceira entidade, por sua vez controlada pela segunda *(modelo de controlo indireto)*.

Há, por outro lado, que considerar as situações em que são celebrados entre entidades públicas contratos que têm por objeto prestações passíveis de serem realizadas por privados, mas que a jurisprudência do Tribunal de Justiça da União Europeia e, na sequência dela, as Diretivas de 2014 vieram isentar da submissão às regras da contratação pública, na medida em que, por terem por objeto a realização de prestações que correspondem ao desempenho das tarefas públicas a cargo das entidades públicas envolvidas, se entende que não são celebrados obedecendo a uma lógica de mercado, mas a uma lógica de cooperação para alcançar objetivos comuns, regida por considerações diretamente relacionadas com a prossecução dos fins de interesse público das entidades públicas contratantes.

É reconhecida a importância, sobretudo em tempos de crise, de se salvaguardar a possibilidade de as entidades públicas estabelecerem este tipo de relações de cooperação entre si, para a prossecução em conjunto de fins de interesse público, sem terem de estar submetidas

sobre contratación pública, pp. 66 segs., e "Las nuevas Directivas – cuarta generación – en matéria de contratación pública. Hacia una estrategia eficiente en compras públicas", *Revista Española de Derecho Administrativo* nº 159, pp. 82 segs.. Em geral sobre o tema, cfr. Mario Comba/Steen Treumer (eds.), *The In-House Providing in European Law*, Copenhaga, 2010. Na doutrina portuguesa anterior às Diretivas de 2014, cfr. Cláudia Viana, "Contratos públicos *in house* – em especial, as relações contratuais entre municípios e empresas municipais", *Direito Regional e Local* nº 00, pp. 34 segs.; Bernardo Azevedo, "Contratação *in house*: entre a liberdade de auto-organização administrativa e a liberdade de mercado", in *Estudos de Contratação Pública*, vol. I, Coimbra, 2008, pp. 115 segs.; Alexandra Leitão, *Lições de* Direito dos Contratos Públicos, pp. 58 segs., e «Contratos de prestação de bens e serviços celebrados entre o Estado e as empresas públicas e relações *in house*", *Cadernos de Justiça Administrativa* nº 65, pp. 12 segs..

à obrigação de recorrerem ao mercado e, portanto, de prosseguirem o atingimento desses fins através da celebração de contratos assentes numa lógica de mercado, que, em princípio, tornaria a respetiva execução mais onerosa. Mas também são reconhecidas as dificuldades que coloca a delimitação, em concreto, das situações de genuína cooperação interadministrativa, daquelas que consubstanciam a celebração de puros contratos de procura pública à margem do mercado, que, como tal, devem estar submetidos às regras da contratação pública, sendo intensa a discussão doutrinal que, até 2014, se gerou a propósito da jurisprudência do Tribunal de Justiça da União Europeia sobre a matéria[164].

V. Contratos de locação ou aquisição de bens móveis e serviços, de delegação de funções públicas, de cooperação e de atribuição de situações de vantagem

28. No que, por último, diz respeito à classificação dos contratos administrativos por referência à sua *causa-função,* cumpre referir que os *contratos de locação ou aquisição de bens* móveis *e de serviços* e os *contratos de delegação de fun*ções públicas são, em grande medida, objeto de previsão típica e de regulação no Título II da Parte III do CCP. A autonomização e delimitação do respetivo regime substantivo resulta, pois, em primeira linha, da conjugação do critério adotado pelo CCP quanto ao modo pelo qual entendeu configurar, no Título I da Parte III, o regime dito geral dos contratos administrativos com as especificidades que, em razão da respetiva *causa-função,* ele faz corresponder, no Título II da mesma Parte III, aos contratos de empreitada de obras públicas, de concessão de bens e de serviços públicos, de aquisição ou locação de bens móveis e de aquisição de serviços, sem prejuízo da legislação especial aplicável.

[164] Sobre o regime das Diretivas de 2014 em matéria de cooperação horizontal entre entidades do sector público, cfr. Martin Burgi, "Contracting authorities, in-house services and public authorities cooperation", pp. 61-64; Janicke Wiggen, "Directive 2014/24/EU: the new provision on co-operation in the public sector", *Public Procurement Law Review* 2014, nº 3, pp. 83 segs.; Sue Arrowsmith, *The Law of public and Utilities procurement,* pp. 527 segs.; Gimeno Feliú, *El nuevo paquete legislativo comunitário sobre contratación pública,* pp. 76 segs., e "Las nuevas Directivas – cuarta generación – en matéria de contratación pública", pp. 89 segs.; e, entre nós, Miguel Assis Raimundo, "Uma primeira análise das novas diretivas (Parte II)", *Revista de Contratos Públicos* nº 10, pp. 132 segs.

a) No que diz respeito aos *contratos de aquisição de bens móveis e de serviços*, cumpre notar que, embora estes contratos, quando celebrados por contraentes públicos, sejam tipificados pelo CCP como contratos administrativos, há, a nosso ver, que identificar, como já atrás foi referido, os aspetos do regime do Título I da Parte III do CCP que se lhes devem considerar aplicáveis e aqueles que são específicos dos contratos de colaboração subordinada, pelo que só são aplicáveis aos contratos que devam ser qualificados deste modo. Trata-se de ponto ao qual regressaremos mais tarde.

b) No que diz respeito aos *contratos de delegação de funções públicas*, justificam-se duas referências particulares.

A primeira, ao conceito de *Parceria Público-Privada (PPP)*, para dar conta do sentido em que ele é correntemente utilizado no direito comparado, relacionado com a celebração de contratos assentes na captação de financiamento privado para a execução de empreendimentos públicos[165]. Mas também para advertir de que, no ordenamento jurídico português, o conceito é utilizado numa acepção específica, a que o Decreto-Lei nº 111/2012, de 23 de maio, atribui a função operativa de identificar certos tipos contratuais, para o efeito de os submeter à aplicação de um conjunto circunscrito de normas, sobretudo respeitantes ao respetivo regime de contratação, que não define o regime normativo global pelo qual se regem esses tipos contratuais. E, portanto, para deixar claro que, no nosso ordenamento jurídico, a PPP contratual não corresponde, ao contrário do que sucede em outros países, a um tipo contratual específico, mas a um conjunto de tipos contratuais, cada um dos quais dotado do seu regime próprio, que o legislador optou por agrupar, sob essa designação, para o efeito de os submeter, adicionalmente, a um regime

[165] Sobre o fenómeno das parcerias público-privadas, veja-se a interessante análise de PHILIPPE FLAMME/MAURICE-ANDRÉ FLAMME/CLAUDE DARDENNE, *Les marchés publics européens et belges – L' irrésisitible européanisation du droit de la commande publique*, 2ª ed., Bruxelas, 2009, pp. 253 segs. Cfr. também, em geral, SUE ARROWSMITH, *Public Private Partnerships & PFI*, Londres, 1999; PAULINE VAILLANCOURT ROSENEAU (ed.), *Public-Private Policy Partnerships*, Massachussets, 2000; DARRIN GRIMSEY/MERVYN LEWIS, *Public Private Partnerships – The worldwide revolution in infrastructure provision and project finance*, Cheltenham, 2004; LUDWIG HAUSMANN, "Public Private Partnerships and the award of concessions", *Public Procurement Law Review* 1999, nº 6, pp. 269 segs.; e, na doutrina portuguesa, M. J. ESTORNINHO, *Curso de Direito dos Contratos Públicos*, pp. 131 segs..

normativo de âmbito específico, de natureza predominantemente procedimental[166].

A segunda referência dirige-se a chamar a atenção para a relevância e particularidades das situações de *contracting out* afins das concessões, em que o cocontratante não assume a responsabilidade pela prossecução das atribuições a cargo do contraente público, que continua a ser pública, mas substitui-se a ele no desempenho de tarefas que lhe corresponderiam na prossecução dessas atribuições.

É o que sucede no âmbito dos contratos de gestão de instalações, serviços e estabelecimentos públicos, como os contratos de gestão de instituições e serviços do Serviço Nacional de Saúde, dos quais resulta que a gestão do funcionamento do serviço é delegada no privado, que, desse modo, se substitui à Administração na realização de prestações públicas, estabelecendo diretamente relações jurídicas com os utentes na observância de critérios de natureza pública quanto ao respetivo acesso ao serviço. Estes contratos não são contratos de concessão porque a titularidade e o risco económico-financeiro do serviço não são transferidos para o privado, mas mantêm-se na esfera do contraente público, que conserva a responsabilidade pelo respetivo financiamento. Mas também não são meros contratos de aquisição de serviços, na medida em que o co-contratante não se limita a desempenhar um papel instrumental em relação ao exercício pela Administração das suas funções, mas assume a gestão do serviço, substituindo-se, desse modo, à Administração na execução de tarefas públicas a seu cargo perante os utentes[167].

[166] Sobre o regime das parcerias público-privadas no ordenamento jurídico português, cfr. Nazaré Costa Cabral, *As parcerias público-privadas,* Coimbra, 2009; M. J. Estorninho, *Curso de Direito dos Contratos Públicos,* pp. 131 segs.; Natércia Segurado/Paula Albuquerque/ /Rui Paixão (eds.), *Manual prático de parcerias público-privadas,* Sintra, 2004; Alexandra Leitão, *Lições de Direito dos Contratos Públicos,* pp. 76 segs.; Vilhena de Freitas, *Direito dos contratos públicos e administrativos,* pp. 97 segs.; João Canto e Castro, "A regulação das parcerias público-privadas no Código dos Contratos Públicos", *Revista de Contratos Públicos* nº 4, pp. 177 segs.; e, por último, Isa António, *As parcerias público-privadas no sector da saúde,* Coimbra, 2015.

[167] Sobre o fenómeno em referência no texto, cfr., entre nós, a respeito dos contratos celebrados pela organização administrativa da saúde, designadamente com as instituições particulares de solidariedade social, Licínio Martins, «Contrato público e organização administrativa», pp. 676 segs..

c) Os *contratos de cooperação* caracterizam-se por serem instrumentos através dos quais as partes se articulam entre si de modo a prosseguirem em conjunto fins comuns, que já eram, à partida, partilhados pelas partes ou que resultam da conjugação de fins diferenciados que cada uma delas tinha separadamente a seu cargo. Embora alguns Autores só pareçam admitir a celebração de contratos de cooperação entre contraentes públicos, parece-nos que também devem ser qualificados desse modo contratos entre contraentes públicos e entidades privadas que visem prosseguir fins que ao Estado incumbe prioritariamente garantir, em domínios como os da saúde e da educação, mas que também são assumidos como fins próprios pelas entidades privadas com as quais o Estado contrata.

É, a nosso ver, o que sucede, no domínio da segurança social, com os contratos que são celebrados por contraentes públicos com instituições particulares de solidariedade social ou outras entidades particulares sem fim lucrativo, em que a cooperação entre as partes que resulta da celebração desses contratos não implica que o privado vá colaborar na prossecução de fins alheios, pertencentes ao contraente público, mas prosseguir os seus próprios fins, ainda que de modo contratualmente articulado com a outra parte: neste sentido, os contratos de cooperação são instituídos como um dos instrumentos de institucionalização e disciplina das relações de cooperação entre o Estado e as instituições particulares de solidariedade social[168].

d) Os *contratos de atribuição de situações de vantagem* caracterizam-se pelo facto de a prestação principal que identifica a respetiva causa-função estar a cargo do contraente público, que não contrata para *adquirir* uma prestação ao cocontratante, mas para lhe *atribuir* um benefício. Na generalidade dos casos, o benefício é atribuído no interesse público, no propósito de promover atividades privadas socialmente úteis, cujo desenvolvimento concorre para a prossecução dos fins visados pelo contraente público, e, portanto, de certa forma, no propósito de associar o cocontratante à prossecução desses fins: é o que sucede na generalidade dos contratos-programa (quando esta designação não é dada a contratos de cooperação, segundo o modelo referido na alínea precedente),

[168] Cfr. Licínio Martins, "Contrato público e organização administrativa", pp. 684-685.

de investimento e de desenvolvimento, cujo modelo paradigmático corresponde a um instrumento de intervenção pública na atividade económica, mediante o qual o contraente público influencia ou condiciona decisões de operadores económicos através da atribuição de benefícios financeiros. O que diferencia estes contratos é a circunstância de a execução da prestação principal se concretizar na realização de programas ou projetos privados, mas a que as entidades públicas atribuem apoio financeiro pela utilidade social que lhes reconhecem – e isto, ainda que à atribuição da subvenção pública seja associada a constituição na esfera do contraente privado de vinculações jurídico-públicas quanto a determinados aspetos relativos à execução do contrato ou às consequências do seu eventual incumprimento[169].

Resta acrescentar que as categorias enunciadas estão mais próximas umas das outras do que, à primeira vista, se poderia pensar, sendo, por vezes, ténue a fronteira que as separa. Com efeito, não é evidente a fronteira que separa as situações em que uma parte colabora com a outra na prossecução dos fins da segunda e aquelas em que ambas cooperam na prossecução de fins comuns. Como também não é evidente a fronteira que separa os contratos de colaboração dos contratos de atribuição, em que a prestação principal reside na atribuição de um benefício pelo contraente público ao co-contratante.

Alguns exemplos estudados na doutrina permitem ilustrar os pontos de contacto e as linhas de fronteira neste domínio, em termos que, a nosso ver, merecem análise. Vejam-se as dificuldades de qualificação que parecem suscitar a concessão da exploração de bens do domínio público, entre os contratos de colaboração e os contratos de atribuição[170], ou os contratos entre entidades públicas e instituições particulares de solidariedade social, nos domínios da prestação

[169] Cfr. Vieira de Andrade, *Lições de Direito Administrativo*, p. 273. Sobre os contratos administrativos de atribuição, cfr. Sérvulo Correia, *Legalidade e autonomia contratual no contrato administrativo*, pp. 421 segs.; Rebelo de Sousa/Salgado de Matos, *Direito Administrativo Geral*, tomo III, p. 315, com indicação de exemplos.

[170] No sentido da qualificação como contrato de colaboração, invocando o indicador decorrente do artigo 408º do CCP, cfr. Rebelo de Sousa/Salgado de Matos, *Direito Administrativo Geral*, tomo III, p. 315, e Pedro Gonçalves, *Direito dos Contratos Públicos*, p. 426; e, no sentido da sua qualificação como contrato de atribuição subordinada, Vieira de Andrade, *Lições de Direito Administrativo*, p. 272.

de serviços de saúde e da assistência social, entre os contratos de colaboração, de cooperação e de atribuição – sendo que, também neste domínio, existem contratos de delegação de funções públicas, em que a instituição privada assume a gestão de instalações ou equipamentos públicos[171].

3. O problema do conteúdo dos regimes substantivos dos contratos administrativos

3.1. Enquadramento: as modificações introduzidas pela revisão do CCP

29. Já anteriormente à revisão do CCP vínhamos defendendo que, apesar das aparências, o regime substantivo dos contratos administrativos que ele consagrava no Título I da sua Parte III não era, na realidade, um regime de âmbito geral, aplicável a todos os contratos administrativos.

Como, na verdade, já foi várias vezes referido, o CCP, no essencial, adotou como ponto de referência para a determinação do conteúdo do regime do Título I da sua Parte III as relações jurídicas emergentes de uma categoria específica de contratos, os contratos administrativos de colaboração subordinada. Daí o especial enfoque colocado nas prerrogativas de autoridade que são conferidas ao contraente público no âmbito da relação contratual (cfr., em especial, os artigos 302º e 307º do CCP). O Código teve, na verdade, desse modo em vista consagrar "um regime jurídico que, na sua essência, se caracteriza por conferir à entidade pública uma posição de supremacia jurídica sobre o seu contratante", mediante a qual ela fica investida em prerrogativas que "desigualizam as posições em que as partes estão colocadas", no âmbito de "uma relação de poder público vs. sujeição (e não de direito vs. dever)"[172].

Ora, um regime normativo que, no essencial, adota como referência o modelo emblemático dos contratos de colaboração subordinada, como

[171] A este último propósito, cfr. a minuciosa análise de Licínio Martins, "Contrato público e organização administrativa", pp. 700 segs..
[172] Para recorrer à síntese de Pedro Gonçalves, *O contrato administrativo*, pp. 33-34.

se todos os contratos administrativos correspondessem necessariamente a esse modelo, não pode, por definição, dar resposta a categorias de contratos que escapem a esse modelo, num contexto em que é geralmente reconhecida a existência de enormes diferenças que separam entre si as diferentes categorias de contratos administrativos[173] e a necessidade de se atribuírem a essas diferenças o devido relevo, quando se trata de determinar o conteúdo do regime jurídico a aplicar às correspondentes relações contratuais[174]. Nas palavras de *Sérvulo Correia*, "a adoção legislativa da figura do contrato administrativo por natureza veio tornar patente a

[173] Como, na verdade, notou Sérvulo Correia, *Legalidade e autonomia contratual nos contratos administrativos*, pp. 365-366 e 392, o "corpo de princípios do contrato administrativo" – historicamente construído por referência à teoria da subordinação, que *Marcello Caetano* tão bem sintetizou ao explicar que, no contrato administrativo, "o acordo tem como efeito principal (senão exclusivo) submeter o particular à vontade do Estado numa relação de subordinação especial" mediante a qual "o particular obriga-se a colaborar com o Estado em tudo quanto seja necessário para a realização de certo interesse público, sujeitando-se às ordens que para esse efeito receba, e o Estado em troca promete-lhe apoio, proteção jurídica e, normalmente, remuneração" (*Manual de Direito Administrativo*, vol. I, p. 576) – foi concebido por referência a um grupo reduzido de contratos, todos caracterizados pela associação regular de um particular à realização de atribuições da Administração. Questionava-se, por isso, o ilustre administrativista: "Está por verificar em que medida esses princípios serão aplicáveis a um conjunto muito mais amplo e diversificado de contratos".

[174] Já neste sentido, cfr. M. Aroso de Almeida, "Contratos administrativos e poderes de conformação do contraente público no novo Código dos Contratos Públicos", pp. 9 segs. No mesmo sentido, escrevia também Vieira de Andrade, "Princípio da legalidade e autonomia da vontade na contratação pública", in La contratación pública en el horizonte de la integración europea, Madrid, 2004, p. 69, que "a razão de ser da construção de uma figura específica de contratos de direito administrativo como «uma instituição do nosso tempo» – ao pressupor poderes especiais de autoridade, ao estabelecer deveres especiais perante os particulares (de imparcialidade, de legalidade, de garantia e proteção de direitos fundamentais), ao sujeitar a atuação das entidades públicas à realização de interesses públicos – impõe a conclusão de que não pode haver um regime único aplicável a todos os tipos de contratos. Na realidade, não se pode deixar de ter em conta as diferenças significativas existentes entre os contratos administrativos quanto a vários aspetos de que destacamos alguns: a medida da densidade normativa legal (a maior ou menor vinculação), o grau de importância da realização do interesse público (enquanto causa-função do contrato), as partes concretamente envolvidas (também há contratos administrativos entre entes administrativos e entre entes privados), a posição relativa das partes na relação jurídica tal como resulta das normas legais (se é passível de regulação por ato administrativo, se há subordinação efetiva), o objeto (se se visa a atribuição de direitos ou a colaboração em tarefas administrativas, se a prestação principal é a do particular ou a da Administração, qual o tipo de prestação, material ou intelectual), o tipo de relação contratual (se o contrato versa sobre um domínio em que haja

insuficiência da teoria da sujeição, insuficiência cuja causa é a incapacidade desta conceção para servir de base à caracterização de todas as relações jurídicas administrativas»[175].

Por essa razão, sustentávamos que, ao contrário do que à primeira vista poderia parecer, se devia entender que o regime do Título I não era aplicável a todos os contratos administrativos, justificando-se, por isso, proceder a diferenciações de regimes[176].

E, numa perspetiva *de iure condendo*, defendíamos que o problema residia no facto de, no Título I da Parte III, o CCP não separar os aspetos de regime – aliás, muito poucos – atinentes a questões que dizem verdadeiramente respeito a todos os contratos administrativos e que, por isso, deveriam ser efetivamente apresentados como sendo de aplicabilidade comum, de todos os outros aspetos de regime – que são a generalidade deles – que, por terem exclusivamente em vista disciplinar os contratos de colaboração subordinada de particulares com a Administração, não devem ser aplicados aos demais contratos e fazia, por isso, todo o sentido que apenas fossem aplicáveis a essa categoria de contratos.

E, nessa perspetiva, preconizávamos que, numa futura revisão do CCP, seria desejável que, na definição do regime substantivo dos contratos administrativos a que se procede no Título I da sua Parte III, fosse introduzido um primeiro capítulo de âmbito geral, de conteúdo extremamente reduzido, exclusivamente dirigido a disciplinar os aspetos de regime verdadeiramente transversais a todos os contratos administrativos, ao qual se seguisse, em capítulos sucessivos, a definição, de modo diferenciado, dos regimes adequados às principais categorias de contratos administrativos, a começar pelos contratos de colaboração subordinada, cujo regime, no essencial, corresponde ao do atual regime do Título I da Parte III, e a continuar pelo menos por uma definição minimamente consistente de um regime específico a aplicar aos contratos sobre o exercício de poderes públicos[177].

liberdade dos particulares, se houve liberdade de estipulação, se a relação é duradoura ou instantânea".

[175] Cfr. Sérvulo Correia, *Legalidade e autonomia contratual nos contratos administrativos*, p. 369.

[176] Para mais desenvolvimentos, cfr. Mário Aroso de Almeida, *Teoria Geral do Direito Administrativo*, pp. 425 segs..

[177] Preconizando já a separação, na estrutura do Título I da Parte III do CCP, de um primeiro capítulo muito reduzido de verdadeiras disposições gerais, de um segundo capítulo que tor-

Entretanto, a revisão do CCP, alterando a designação do Título I da Parte III e modificando substancialmente o conteúdo do regime do artigo 280º, veio introduzir novidades nesta matéria, cuja relevância se impõe começar por avaliar, antes de avançarmos na análise que será objeto deste último ponto da exposição[178].

O caminho que, com a introdução das modificações referidas, a revisão do CCP parece ter pretendido trilhar é o de assumir a opção inovadora de circunscrever o universo dos contratos administrativos aos quais é aplicável o regime do Título I da Parte III do CCP aos contratos de procura pública que estão sujeitos à Parte II do Código, com exclusão dos demais contratos administrativos. Na verdade, neste sentido estabelece o nº 1 do artigo 280º que a Parte III do Código só é aplicável aos contratos abrangidos pela Parte II que devam ser qualificados como contratos administrativos, de acordo com os critérios de administratividade que o mesmo preceito estabelece; e, no mesmo sentido, o nº 2 do artigo 280º submete a legislação própria o regime dos demais contratos administrativos, «sem prejuízo da aplicação subsidiária do regime da parte III, quando os tipos dos contratos não afastem as razões justificativas da disciplina em causa»[179].

As inovações introduzidas pela revisão do CCP nos nºs 1 e 2 do artigo 280º parecem ser, pois, orientadas pelo propósito de, ao contrário do que sucedia anteriormente, apenas submeter ao regime do Título I da Parte III os contratos administrativos também submetidos aos regimes de contratação da Parte II, remetendo para legislação própria o regime dos demais contratos administrativos, como os contratos sobre

nasse claro qual é o regime exclusivamente aplicável aos contratos de colaboração subordinada e de um terceiro capítulo destinado pelo menos a definir o regime dos contratos sobre o exercício de poderes públicos, cfr. M. Aroso de Almeida, *Teoria Geral do Direito Administrativo*, pp. 428-429, e "Breves notas para um novo regime do CCP em matéria de contratos sobre o exercício de poderes públicos", in Maria João Estorninho (ed.), *A transposição das Diretivas Europeias de 2014 e o Código dos Contratos Públicos*, e-book, ICJP, Lisboa, 2016.

[178] Para a análise do regime introduzido pelo novo artigo 280º do CCP, cfr. também Jorge Alves Correia, *Contrato e Poder Administrativo*, pp. 841 segs..

[179] De onde resulta que, embora o nº 5 do artigo 1º do CCP não tenha sido objeto de revogação expressa, se deve, em todo o caso, considerar que ele foi implicitamente revogado pelo regime dos nºs 1 e 2 do artigo 280º: na verdade, resulta destes preceitos que a Parte III do CCP apenas visa regular uma parte das relações contratuais administrativas, as que emergem dos contratos abrangidos pela Parte II do Código.

o exercício de poderes públicos e os contratos interadministrativos de cooperação. Essa orientação tem, a nosso ver, o mérito de reconhecer a inadequação do regime do Título I da Parte III do CCP às categorias de contratos não submetidas aos regimes da Parte II: e isso é, para nós, positivo. Mas, perante o reconhecimento desse facto, a revisão do CCP optou por seguir um caminho que não nos parece o mais feliz: pela nossa parte, preferiríamos, como acaba de ser dito, que, em vez de se excluírem contratos administrativos do âmbito de aplicação do Título I da Parte III, se procedesse a uma remodelação do regime desse Título, no sentido ainda há pouco explicitado, de modo a desdobrá-los em capítulos aptos a dar respostas diferenciadas às necessidades diferenciadas que colocam diferentes categorias de contratos.

Mas o novo regime do artigo 280º do CCP tem sobretudo o inconveniente de suscitar dificuldades sérias de interpretação, na medida em que parece pretender excluir categorias de contratos administrativos do âmbito de aplicação do regime do Título I da Parte III remetendo-as para legislação própria que, de um modo geral, não existe, o que torna inevitável que a dita «aplicação subsidiária» do regime em causa não o possa ser em sentido próprio, mas uma aplicação direta, por inexistência de regime alternativo: pense-se, desde logo, no regime de invalidade dos artigos 283º a 285º do CCP, em relação ao qual não existe regime alternativo fora do CCP e cujo âmbito de aplicação, de resto, o nº 4 do artigo 280º até estende a contratos que não sejam administrativos. Na ausência de qualquer outro regime sobre a matéria fora do Título I da Parte III do CCP, não se vê, na verdade, como possa subtrair-se qualquer contrato administrativo ao âmbito de aplicação desse regime...

A nosso ver, embora pareça apontar no sentido de afastar a aplicabilidade do regime do Título I da Parte III do CCP às categorias de contratos não abrangidas pelo âmbito de aplicação da Parte II do Código, o novo artigo 280º não é suficiente para, só por si, concretizar essa mudança, pelo que mais parece constituir um primeiro passo, *o início* de uma mudança estrutural, que, para ser assumida nas suas devidas consequências, haverá de pressupor que ao passo dado venham a seguir-se outros, do que uma verdadeira modificação de regime.

Com efeito, uma opção da envergadura daquela que o novo artigo 280º do CCP parece preconizar haveria necessariamente de pressupor que, fora do Código, viesse a ser pelo menos definido um regime dirigido a disciplinar aspetos comuns a aplicar aos contratos administrativos que ele parece pretender excluir do âmbito de aplicação da Parte III do Código. A nosso ver, o capítulo do CPA dedicado aos contratos da Administração Pública seria a sede adequada para a definição desse regime[180].

Na nossa perspetiva, o novo regime do artigo 280º do CCP pressupõe e exige, como condição da sua própria operatividade, a consagração em outro diploma de um regime geral dos contratos administrativos, constituído por um conjunto muito limitado de preceitos que possam e devam ser inquestionavelmente qualificados como de aplicabilidade geral a todas as categorias de contratos administrativos, a começar pelo artigo 278º (que, aliás, já tinha transitado do CPA de 1991 para o CCP)[181], assim como a consagração, na mesma sede, de um regime próprio disciplinador das principais categorias de contratos excluídas pelo artigo 280º do CCP do âmbito de aplicação do regime do Título I da Parte III do Código, como os contratos sobre o exercício de poderes públicos e os contratos interadministrativos de cooperação, com a consequente revogação dos artigos 336º a 338º do CCP[182].

[180] O novo regime do artigo 280º, abandonando a orientação que tinha presidido originariamente ao CCP e que explicou que a matéria não fosse introduzida no CPA de 2015 (cfr. M. Aroso de Almeida, *Teoria Geral do Direito Administrativo,* pp. 474-475), parece, na verdade, orientar-se no sentido que tinha sido preconizado por Pedro Gonçalves, "Âmbito de aplicação do Código do Procedimento Administrativo" (na versão do anteprojeto de revisão)", *Cadernos de Justiça Administrativa* nº 100, pp. 14-15, que, criticando a excessiva abrangência do CCP, defendia que ele devia ser apenas uma lei sobre os contratos de compras públicas e que, por conseguinte, a sede própria para disciplinar os contratos sobre o exercício de poderes públicos residia no CPA. Para a circunstanciada defesa dessa solução, cfr., entretanto, também Jorge Alves Correia, *Contrato e Poder Administrativo,* pp. 729 segs..

[181] Na nossa *Teoria Geral do Direito Administrativo,* p. 426, era só nos artigos 279º, 280º (na redação anterior àquela que foi introduzida pela revisão do Código), 283º e 284º a 287º, e mesmo assim só em parte, que identificávamos no Título I da Parte III do CCP disposições de carácter verdadeiramente geral, como tal aptas a constar de um regime dos «contratos administrativos em geral».

[182] Artigos 336º a 338º que só se poderá compreender, com alguma benevolência, que, em coerência, a revisão do Código não tenha, desde logo, revogado por ter relegado a respetiva revogação para o momento em que venha a ser aprovado, na sede própria, o regime comum a aplicar às categorias de contratos em causa.

Se ou enquanto tal não suceder, afigura-se que o nº 2 do artigo 280º deverá ser interpretado no sentido de não impedir que, na ausência de legislação especialmente aplicável, os contratos sobre o exercício de poderes públicos e os contratos interadministrativos de cooperação se continuem a reger pelos artigos 336º a 338º, assim como pelo restante regime do Título I da Parte III do CCP, na medida em que as respetivas características específicas "não afastem as razões justificativas da disciplina em causa".

A nosso ver, a introdução, com a revisão do CCP, do novo regime do artigo 280º pouco mudou, pois, na prática, em relação ao que, na matéria em análise, valia anteriormente. A inovação introduzida, se não vier a ser revertida, representou, para nós, um importante passo no sentido do reconhecimento de que o regime do Título I da Parte III do CCP, com a configuração que tem, não é adequado para definir o regime a aplicar a todas as categorias de contratos administrativos, designadamente os contratos sobre o exercício de poderes públicos e os contratos interadministrativos de cooperação: parece ter sido, na verdade, por esse motivo que foi alterada a própria designação do Título I da Parte III do Código. Ficam, no entanto, a nosso ver, a faltar os passos necessários para que a inovação introduzida seja consequente e possa ter, por isso, alcance efetivo no plano operativo.

Não deixaremos, em todo o caso, de fazer notar que da nova redação do nº 2 do artigo 280º do CCP é pelo menos possível retirar-se, no plano interpretativo, uma clara indicação no sentido, que já vínhamos preconizando, de que o regime do Título I da Parte III só é aplicável aos contratos não abrangidos pelo âmbito de aplicação da Parte II do CCP "quando os tipos dos contratos não afastem as razões justificativas da disciplina em causa".

3.2. Âmbito de aplicação do regime de invalidade do Título I da Parte III do CCP

30. Pelo menos enquanto não forem concretizadas em diploma autónomo em relação ao CCP – porventura, o CPA –, nos termos equacionados no ponto anterior, as condições de que, a nosso ver, depende a efetividade do regime inovatório introduzido no nº 2 do artigo 280º do

CCP, continua a afigurar-se-nos, tal como já sucedia anteriormente à revisão do CCP, que o único regime do Título I da Parte III do CCP que é aplicável a todos os contratos administrativos é o regime da invalidade que consta dos artigos 283º a 285º. Mais do que isso, consideramos que se deve entender que este regime não é apenas aplicável aos contratos administrativos, mas, em termos mais vastos, a todos os contratos da Administração, independentemente de revestirem ou não a natureza de contratos administrativos – o que, portanto, inclui os contratos submetidos à Parte II do CCP que não sejam contratos administrativos, como hoje estabelece o nº 3 do artigo 280º[183], mas, a nosso ver, também os contratos que nem sequer se integram no âmbito de aplicação do CCP e os próprios contratos de direito privado da Administração, na medida em que, como também a formação destes contratos é procedimentalizada, todos eles devem considerar-se submetidos ao regime de invalidade consequente do artigo 283º.

O principal interesse da aplicabilidade do regime da invalidade do Título I da Parte III do CCP à generalidade dos contratos da Administração reside, na verdade, no regime comum da invalidade consequente, do artigo 283º. Com efeito, nenhum contrato celebrado pela Administração pode deixar de ser precedido de pelo menos uma decisão unilateral, tomada pelo órgão competente, em que se funde a vontade da entidade em causa de celebrar esse contrato, nesses termos e condições. Por conseguinte, em relação a todos eles se coloca a questão da determinação dos termos em que a sua validade é afetada pela eventual invalidade dos atos praticados no âmbito do respetivo procedimento de formação[184].

3.3. Âmbito de aplicação dos restantes regimes do Título I da Parte III do CCP

31. No essencial, o regime do Título I da Parte III do CCP é aplicável aos *contratos de aquisição de bens móveis e de serviços* e aos *contratos de de-*

[183] Já nesse sentido, cfr. Assis Raimundo, *A formação dos contratos públicos*, p. 114.

[184] Questionando, no entanto, de modo pertinente, a aplicabilidade do regime do artigo 283º aos contratos sobre o exercício de poderes públicos, cfr. Pedro Gonçalves, *Direito dos Contratos Públicos*, pp. 456 e 489-490.

legação de funções públicas. Estas duas categorias de contratos têm muito em comum. Com efeito, ambas se integram na categoria dos *contratos de procura pública, cujo objeto abrange prestações* que estão ou *são susceptíveis de estar submetidas à concorrência de mercado.* Daí decorre, em primeira linha, a submissão de todos estes contratos a um regime normativo comum, o Direito da contratação pública, que tem primacialmente por objeto regular o procedimento de formação destes contratos, embora tenha algumas projeções no plano do respetivo regime de execução.

Por outro lado, do critério adotado pelo CCP quanto ao modo pelo qual entendeu delimitar a figura do contrato administrativo, do qual resulta, como já foi dito, a qualificação como contratos administrativos de todos os *contratos públicos de aquisição de bens móveis e serviços* celebrados por contraentes públicos, resulta que, hoje, se deve entender que os contratos que se encontram submetidos ao regime do Título I da sua Parte III compreendem, na sua totalidade, tanto os *contratos de aquisição de bens móveis e de serviços,* como os *contratos de delegação de funções públicas.* Todos eles partilham, pois, um regime comum, pelo qual se regem as relações contratuais que deles emergem: o regime do Título I da Parte III do CCP[185].

Como já foi assinalado, não se pode deixar, no entanto, de ter presente, também a este propósito, que o essencial do regime normativo do Título I da Parte III do CCP foi pensado em função do modelo paradigmático do contrato de colaboração subordinada. Deve, por isso, entender-se que este regime só é aplicável na sua integralidade aos contratos de colaboração subordinada do cocontratante na prossecução das atribuições do contraente público[186].

Cumpre, por isso, identificar, como já atrás foi referido, os aspetos do regime do Título I da Parte III do CCP que se devem considerar de aplicabilidade geral a todos os contratos de aquisição de bens móveis e

[185] A circunstância referida no texto não apaga, contudo, as especificidades que, em razão da respetiva *causa-função,* diferenciam cada uma das duas referidas categorias de contratos, com projeção no modo como é configurado o respetivo regime especial – desde logo, no Título II da Parte III do CCP, para os contratos que nessa sede são regulados.

[186] No mesmo sentido, cfr. Pedro Gonçalves, *Direito dos Contratos Públicos,* p. 456. Embora o Autor não o refira (tal como sucede a respeito de várias outras questões do Direito dos Contratos Públicos, a pp. 452 a 460, 464, 478-479 e 488 da referida obra), trata-se de entendimento que já vinhamos defendendo na nossa *Teoria Geral do Direito Administrativo* (presentemente, a pp. 425 segs. da 4ª edição).

de serviços e aqueles que são específicos dos contratos de colaboração subordinada, por pressuporem o estabelecimento de uma relação duradoura entre as partes, pelo que só são aplicáveis aos contratos que devam ser qualificados deste modo.

Reveste-se, para o efeito, da maior importância começar por diferenciar o contrato de empreitada de obras públicas (que não deixa de ser um contrato administrativo típico de aquisição de serviços) dos demais contratos de aquisição de serviços, que o CCP, no Título II da sua Parte III, também tipifica, em separado, como contratos administrativos, quando celebrados por contraentes públicos. Com efeito, sendo o contrato de empreitada de obras públicas um exemplo típico de contrato de colaboração subordinada, não se colocam, em relação a ele, quaisquer dúvidas quanto à sua integral submissão ao regime do Título I da Parte III do CCP.

A questão só se coloca, pois, em relação aos demais contratos administrativos de aquisição de serviços, que, como foi dito, o CCP tipifica em separado – sendo que, a nosso ver, se impõe, nesse contexto, distinguir, como já atrás foi notado, as simples aquisições avulsas, que são contratos com prestações instantâneas ou de execução imediata, que pressupõem a sua realização num só momento com a consequente extinção da relação contratual, dos contratos de fornecimento contínuo, que, por serem contratos constitutivos de relações duradouras, devem ser, quanto a nós, qualificados como contratos de colaboração subordinada e, em conformidade, submetidos, sem diferenciações, ao regime do Título I da Parte III do CCP[187].

[187] À face das opções normativas realizadas pelo CCP, já não acompanhamos, entretanto, a posição de Vieira de Andrade, *Lições de Direito Administrativo*, p. 261, que sustenta a total inaplicabilidade do regime da Parte III do CCP aos contratos avulsos de locação e de aquisição de bens móveis da Administração, defendendo que só os contratos de fornecimento contínuo sejam qualificados como contratos administrativos, e já não as locações e aquisições avulsas, que, tal como sucedia antes do CCP, continuariam, na sua perspetiva, a ser de qualificar como contratos de direito privado. Esta posição, a nosso ver, não é, na verdade, compatível com o regime introduzido pelo CCP.

3.4. O problema dos regimes aplicáveis aos contratos sobre o exercício de poderes públicos e aos contratos interadministrativos

32. Embora o Título I da Parte III do CCP, na sua redação primitiva, parecesse ter a pretensão de estabelecer um regime substantivo aplicável aos contratos administrativos em geral – era o que resultava da designação que lhe era dada ("Contratos administrativos em geral") e do que, no mesmo sentido, se dispunha no artigo 280º –, a circunstância de nele ser adotado como referência o modelo emblemático dos contratos de colaboração subordinada explicava a existência, no Título I da Parte III do CCP, de um último capítulo IX, constituído por "regras especiais", que, nas duas primeiras secções, se referiam, respetivamente, aos contratos sobre o exercício de poderes públicos, nos artigos 336º e 337º, e aos contratos interadministrativos, no artigo 338º. Com efeito, ambas as secções diziam respeito a categorias específicas de contratos administrativos que não correspondem ao modelo do contrato de colaboração subordinada, pelo que, embora por razões diferentes e, por isso, em medidas diferenciadas, o CCP assumia que deviam ser objeto de um regime próprio.

Na redação primitiva do CCP, anterior à revisão de 2017, este ponto resultava à evidência do disposto no artigo 338º, respeitante aos contratos interadministrativos, que excluía a aplicabilidade das disposições da Parte III "aos contraentes públicos que contratam entre si num plano de igualdade jurídica, segundo uma ótica de harmonização do desempenho das respetivas atribuições", determinando, em contrapartida, a sua aplicabilidade "aos contratos celebrados entre contraentes públicos pelos quais um deles se submeta ao exercício de poderes de autoridade pelo outro". Melhor demonstração seria difícil encontrar de que o regime do Título I da Parte III tinha sido pensado para regular relações contratuais desniveladas, em que uma das partes se submetesse ao exercício de poderes de autoridade pela outra, e não relações paritárias, constituídas "num plano de igualdade jurídica".

Mas também no que diz respeito aos contratos sobre o exercício de poderes públicos, a existência dos artigos 336º e 337º evidenciava o reconhecimento, por parte do próprio legislador do CCP, da inadequação do regime do Título I da Parte III à regulação desses contratos. Pela nossa parte, também em relação a estes contratos defendíamos, pois, à face da versão primitiva do CCP, anterior à revisão de 2017, que esse regime só numa pequena parte lhes era aplicável: fosse com base na ressalva contida no corpo do artigo 302º, fosse com base na ressalva contida na parte final do preceito do artigo 336º[188].

Entretanto, a revisão do CCP alterou, como vimos atrás, a designação dada ao Título I da sua Parte III, que deixou de falar dos "contratos administrativos em geral", e deu nova redação ao artigo 280º, no aparente propósito de afastar a aplicabilidade do regime do Título I da Parte III aos contratos não submetidos à aplicação da Parte II do Código. Como já atrás foi explicado, não parece, no entanto, que a nova redação do artigo 280º tenha tido, só por si, o alcance de introduzir uma modificação efetiva do enquadramento normativo correspondente aos contratos sobre o exercício de poderes públicos e aos contratos interadministrativos (cfr. *supra*, nº 29).

Por outro lado, os artigos 336º e 337º não foram objeto de alteração na revisão do CCP. Também nesse plano o enquadramento normativo respeitante aos contratos sobre o exercício de poderes públicos não mudou com a referida revisão. A exposição subsequente a respeito destes contratos não terá, pois, conteúdo diferente daquele que já lhe correspondia anteriormente à revisão do CCP.

Já o mesmo não sucedeu com o artigo 338º, respeitante aos contratos interadministrativos, que foi objeto de modificação importante, cujo sentido e alcance cumprirá analisar. Esse será, pois, o objeto do último ponto da exposição.

3.4.1. Regime dos contratos sobre o exercício de poderes públicos

33. Como resulta à transparência do modo como o CCP os regula, pode dizer-se que os *contratos sobre o exercício de poderes públicos* correspondem a uma categoria de formação recente no ordenamento jurídico português, que ainda não mereceu a atenção que merecia. Com efeito, a centralidade atribuída à teorização francesa do contrato administrativo fez com que, até tempos recentes, esta categoria de contratos, de importação alemã, fosse negligenciada pela doutrina, o que impediu

[188] Cfr. Mário Aroso de Almeida, *Teoria Geral do Direito Administrativo*, pp. 473 segs..

que se formasse a seu respeito a construção teórica necessária para suportar pretensões consistentes de regulação normativa de âmbito geral e explica a incipiência do regime que o CCP lhes dedica no Título I da Parte III.

Na verdade, parece-nos da maior importância acentuar a radical diferença que separa os contratos sobre o exercício de poderes públicos das demais categorias de contratos administrativos[189], com relevantes consequências no plano da determinação do conteúdo dos respetivos regimes jurídicos[190].

Com efeito, seja quando tenham por objeto a substituição da prática de atos administrativos unilaterais e, portanto, o exercício direto, por parte da Administração, de poderes públicos através de contrato, seja quando tenham por objeto estipular os termos em que se processará o exercício futuro de determinados poderes públicos, os contratos sobre o exercício de poderes públicos determinam ou preveem a determinação da produção de efeitos jurídicos que a lei faz corresponder ao exercício de poderes de autoridade da Administração. Por esse motivo, impõem-se a estes contratos exigências que não se colocam em relação aos demais contratos públicos, por serem exigências que, em conformidade com o princípio da legalidade, o ordenamento jurídico especificamente impõe ao exercício de poderes administrativos, que estes contratos, de um modo ou de outro, têm por objeto[191].

[189] Assinalando a diferença, cfr. Sérvulo Correia, *Legalidade e autonomia contratual no contrato administrativo*, pp. 618 e 629-630; Mark Kirkby, *Contratos sobre o exercício de poderes públicos*, pp. 18-19 e 272-274; Pedro Gonçalves, *Direito dos Contratos Públicos*, pp. 427-430 e 452-455, que fala, a este propósito, da existência de uma dualidade no Direito dos contratos administrativos português; e as interessantes referências em Huergo Lora, *Los contratos sobre los actos y las potestades administrativas*, pp. 66, nota 70, e 161, nota 85.

[190] Assinalando este ponto, em linha com o que temos vindo a defender, cfr., por último, Jorge Alves Correia, *Contrato e Poder Administrativo*, pp. 454 segs..

[191] Na síntese feliz de Huergo Lora, *Los contratos sobre los actos y las potestades administrativas*, pp. 361-362, "a categoria jurídica [alemã dos] 'contratos sobre atos e poderes' não coincide com a categoria 'contratos administrativos' [da tradição francesa, espanhola e portuguesa] porque ambas têm uma função diferente, o que determina um âmbito de aplicação e um regime jurídico distintos. Do que se trata ao estudar (ou ao regular) [na Alemanha] os contratos sobre atos e poderes é que, sem prejuízo da utilização pela Administração do contrato no exercício dos seus poderes (dado que este instrumento jurídico parece ter acabado por ser-lhe imprescindível), esse recurso ao contrato não ocorra em detrimento das garantias que, tanto para os particulares como para os interesses gerais implicados, comporta a

O artigo 278º do CCP consagra um *princípio de admissibilidade de escolha da forma contratual (Zullässigkeit der Form)* para o exercício dos poderes que a lei confere à Administração como passíveis de exercício unilateral[192]. Mas, para além dessa possibilidade de escolha, o referido artigo, a nosso ver, não confere à Administração uma verdadeira autonomia contratual nesse domínio. Com efeito, a previsão legal da possibilidade de escolha da forma contratual para o exercício dos seus poderes não passa de uma regra de competência quanto à forma ou competência funcional, que apenas confere à Administração uma «discricionariedade instrumental ou de meios», para o efeito de avaliar da conveniência de exercitar de forma pactuada um concreto poder que a lei lhe confere[193]: discricionariedade cujo exercício deve ser, ainda assim, fundamentado e

atuação mediante atos unilaterais. A finalidade institucional do contrato administrativo não é esta. Se aos contratos que recebem essa qualificação se aplica um regime jurídico peculiar, é porque se assume que, dada a sua estreita relação com o tráfego administrativo, a Administração deve ocupar neles uma posição similar à que ocupa nesse tráfego mediante atos administrativos: um foro particular (o contencioso administrativo), o privilégio de autotutela e uns poderes de modificação e resolução que evitem que a satisfação do interesse público (e das suas cambiantes necessidades) se veja dificultada pela necessidade de respeitar estritamente o vínculo contratual".
Assinalando também que o regime dos contratos de direito público na Alemanha se dirige, em primeira linha, a assegurar que a Administração não encontra no instrumento contratual um expediente para contornar as vinculações específicas de Direito Administrativo que sobre ela impendem quando atua por via unilateral e a impedir que as garantias e posições jurídico-subjetivas dos particulares resultem degradadas face ao contrato, por relação àquelas de que gozam quando a Administração atua por via unilateral, cfr. M. J. Estorninho, *Curso de Direito dos Contratos Públicos*, pp. 187 e 196; Mark Kirkby, *Contratos sobre o exercício de poderes públicos*, pp. 20, 39, 59, 150-152 e 411 (o Autor faz, entretanto, notar, na p. 39, que o CCP parece ter pretendido afastar-se dessa orientação no artigo 336º).

[192] Sobre este princípio, cfr. Freitas do Amaral, *Curso de Direito Administrativo*, vol. II, p. 453; Sérvulo Correia, *Legalidade e autonomia contratual no contrato administrativo*, pp. 568, 601 e 676; Vieira de Andrade, "Princípio da legalidade e autonomia da vontade na contratação pública", p. 64; Huergo Lora, *Los contratos sobre los actos y las potestades administrativas*, pp. 282 segs. e 292 segs.; Mark Kirkby, *Contratos sobre o exercício de poderes públicos*, pp. 148-149.

[193] Cfr. Manuel Rebollo Puig, "Princípio de legalidad y autonomía de la voluntad en la contratación pública", in *La contratación pública en el horizonte de la integración europea – V Congreso Luso-Hispano de profesores de Derecho Administrativo*, Madrid, 2004, p. 53; Mark Kirkby, *Contratos sobre o exercício de poderes públicos*, p. 338.

que é, por natureza, sindicável[194], e que, em qualquer caso, "não legitima todo e qualquer conteúdo"[195].

No caso de optar pela utilização da forma contratual em substituição da prática de um ato administrativo, não resulta, pois, do artigo 278º do CCP que a Administração fique subtraída à aplicação das regras a que deveria obediência no caso de ter optado pela utilização da forma unilateral de atuação. Pelo contrário, o reconhecimento da admissibilidade de contratos sobre o exercício de poderes públicos supõe que se reconheça que só em conformidade com o quadro normativo aplicável está na disponibilidade da Administração modelar contratualmente os termos em que procede ao exercício dos seus poderes através de contrato ou vincular-se quanto aos termos em que procederá a esse exercício no futuro[196].

No exercício, ainda que por forma contratual, dos seus poderes de autoridade, a Administração não encontra, pois, na lei uma mera *vinculação negativa*, como sucederia se do exercício de uma autonomia semelhante à autonomia privada se tratasse[197]. Como a lei é o fundamento e o pressuposto dos poderes de autoridade da Administração, mesmo

[194] Cfr. Rebelo de Sousa/Salgado de Matos, *Direito Administrativo Geral,* tomo III, p. 305; Filipa Calvão, "Contratos sobre o exercício de poderes públicos", p. 354; Mark Kirkby, *Contratos sobre o exercício de poderes públicos,* pp. 302-305.

[195] Cfr. Sérvulo Correia, *Legalidade e autonomia contratual no contrato administrativo,* pp 677 e 690.

[196] No sentido da vinculação dos contratos administrativos substitutivos de ato administrativo à precedência de lei e à legalidade material aplicável aos atos substituídos, cfr. Rebelo de Sousa/Salgado de Matos, *Direito Administrativo Geral,* tomo III, p. 287; Sérvulo Correia, *Legalidade e autonomia contratual no contrato administrativo,* pp. 637 segs.. Por referência ao Direito alemão, cfr. M. J. Estorninho, *Curso de Direito dos Contratos Públicos,* pp. 195-197; Eberhard Schmidt-Assmann/Walter Krebs, *Rechtsfragen städtebaulicher Verträge,* p. 80; Spyridon Flogaïtis, *Les contrats administratifs,* p. 53.

[197] Na mesma linha, cfr. Sticchi Damiani, *Attività amministrativa consensuale e accordi di programma,* pp. 59-61. Adota-se, pois, no texto um entendimento estrito de autonomia, entendida como "permissão genérica de produção de efeitos jurídicos não proibidos" e, portanto, como uma "área de licitude negativamente delimitada pelo Direito objetivo" (Sérvulo Correia, *Legalidade e autonomia contratual no contrato administrativo,* pp. 439 e 449), que não se estende ao conceito amplo de *autonomia pública* de que parte Sérvulo Correia, que, estendendo-o a todo o exercício de margens de livre decisão na criação de efeitos de direito nas situações concretas regidas pelo Direito Administrativo, ainda que através da emissão de atos administrativos (cfr. p. 470), compreende no seu seio a discricionariedade administrativa (cfr., por exemplo, pp. 629 e 653).

quando se trata de poderes discricionários, estes poderes são típicos e submetidos a um regime próprio, em conformidade com o qual devem ser exercidos. É, pois, no estrito quadro das vinculações e dos espaços de livre apreciação que a lei estabelece para cada tipo de poder que lhe confere, que a Administração pode decidir contratar ou não contratar e, sendo caso disso, modelar o conteúdo do contrato a celebrar[198].

Não existe, pois, aqui, verdadeira liberdade de contratar ou não contratar, assim como de modelar o conteúdo do contrato. É, na verdade, no quadro das vinculações que a lei lhe imponha e dos poderes discricionários que a lei lhe confira para o exercício dos poderes que são objeto do contrato que à Administração cabe decidir se celebra ou não o contrato. E também não configuram, a nosso ver, exercício de *autonomia contratual*, mas apenas do normal *poder discricionário* que a lei lhe confere, o preenchimento a que, na modelação do conteúdo do contrato, a Administração proceda dos espaços de livre apreciação que a lei lhe conceda ao disciplinar os termos do exercício do poder que o contrato tenha por objeto[199].

A nosso ver, o reconhecimento da admissibilidade de contratos sobre o exercício de poderes públicos pressupõe a superação do entendimento clássico segundo o qual, de harmonia com a sua matriz no Direito privado, o contrato seria, por definição, um instrumento de autonomia, ao qual seria inerente a titularidade pelas partes de poderes de celebração e modelação contratual decorrentes de uma esfera de autodeterminação. De harmonia com o moderno entendimento objetivístico do contrato, que superou o clássico dogma da vontade, o contrato é, hoje, na verdade, reconhecido como um instrumento passível de ser utilizado no exercício de atividades finalisticamente determinadas à prossecução de interesses heterodeterminados, como sucede no contexto do exercício de poderes administrativos, em que a figura do contrato é utilizada num quadro normativo de atuação heteronomamente definido pelo legislador, com o qual ele não pode deixar de se conformar[200].

[198] Cfr. Huergo Lora, *Los contratos sobre los actos y las potestades administrativas*, p. 279.

[199] No sentido de que "a autonomia pública contratual coincide com a discricionariedade quando se trata de contratos administrativos atípicos com objeto passível de ato administrativo", cfr. Sérvulo Correia, *Legalidade e autonomia contratual no contrato administrativo*, p. 653.

[200] Cfr. Bruti Liberati, *Consenso e funzione nei contratti di diritto pubblico tra amministrazioni e privati*, pp. 184-185.

Ora, desta circunstância decorrem consequências da maior importância, no que diz respeito à determinação do conteúdo do regime a aplicar a esta categoria de contratos, nesta perspetiva devendo ser interpretado o discutível regime que, a nosso ver, sem a adequada ponderação, o legislador se abalançou a introduzir a este respeito no artigo 336º do CCP.

Sem prejuízo da utilidade e interesse de outras subclassificações[201], afigura-se da maior importância, para o efeito em análise, diferenciar, dentro da categoria dos contratos sobre o exercício de poderes públicos, os contratos substitutivos de atos administrativos e os contratos mediante os quais a entidade pública se vincula em determinados termos quanto ao exercício futuro dos seus poderes públicos. Com efeito, são importantes as diferenças que separam estas duas subcategorias de contratos sobre o exercício de poderes públicos, com inevitáveis consequências no plano da determinação do respetivo regime normativo[202]. Justifica-se, por isso, que a análise se coloque, separadamente, em cada um destes planos.

a) São várias as questões de regime que se colocam a propósito dos contratos substitutivos de atos administrativos. A admissibilidade da opção pela forma do contrato em substituição do ato administrativo resulta do artigo 278º do CCP – encontrando, hoje, previsão expressa, na parte geral do nosso Direito Administrativo, a propósito das conferências procedimentais, no artigo 77º, nº 4, do CPA. Ambos os preceitos admitem, no entanto, a existência de limites à faculdade de opção, que podem resultar da lei ou da natureza das relações a estabelecer. Coloca-se, pois, nesse plano, a questão da identificação das matérias que alguma doutrina qualifica como *alérgicas* à forma contratual[203].

[201] Cfr., por exemplo, MARK KIRKBY, *Contratos sobre o exercício de poderes públicos,* pp. 279 segs..

[202] Assinalando o ponto, cfr. FILIPA CALVÃO, "Contratos sobre o exercício de poderes públicos", pp. 334 e 339

[203] Sobre o tema, cfr., por exemplo, SÉRVULO CORREIA, *Legalidade e autonomia contratual no contrato administrativo,* pp. 676 segs.; REBELO DE SOUSA/SALGADO DE MATOS, *Direito Administrativo Geral,* tomo III, pp. 304-305; BERNARDO AYALA, "The importance of negotiated solutions in Administrative Law", pp. 139 segs.; MARK KIRKBY, *Contratos sobre o exercício de poderes públicos,* pp. 366 segs.; FILIPA CALVÃO, "Contratos sobre o exercício de poderes públicos", pp. 350 segs.. Sobre a questão no âmbito do direito alemão, cfr., por exemplo, com outras

Afigura-se, entretanto, da maior importância assinalar que, como acaba de ser referido, a opção pela forma do contrato não tem o alcance de subtrair a Administração à observância do princípio da legalidade, pelo qual se rege todo o exercício de poderes administrativos. Daí resulta que o contrato substitutivo de ato administrativo se encontra submetido ao mesmo regime de legalidade material aplicável ao ato administrativo com o mesmo objeto que introduza idêntica regulamentação da situação concreta[204] – sendo, a nosso ver, de lamentar que postulado tão importante não seja expressamente assumido no artigo 336º do CCP, cujo conteúdo, a abrir a secção dedicada aos contratos sobre o exercício de poderes públicos, nos parece, pelo contrário, passar uma mensagem no mínimo ambígua em matéria tão sensível[205].

Problema particular que, neste tema, especificamente se coloca no ordenamento jurídico português, é, entretanto, o da extensão ou medida da aplicabilidade do regime do Título I da Parte III do CCP aos contratos substitutivos de atos administrativos.

É evidente a centralidade que, na economia do Título I da Parte III do CCP, corresponde ao seu artigo 302º, sendo, em grande medida, os artigos subsequentes do mesmo Título dedicados a regular os poderes de conformação do contraente público que naquele artigo se encontram previstos. Ora, em nossa opinião, deve entender-se que da res-

referências, VOLKMAR GÖTZ, "Hauptprobleme des verwaltungsrechtlichen Vertrages", *Juristische Schulung* 1970, pp. 1 segs.; SPYRIDON FLOGAÏTIS, *Les contrats administratifs*, pp. 52 segs..

[204] Cfr. SÉRVULO CORREIA, *Legalidade e autonomia contratual no contrato administrativo*, p. 641; MARTA PORTOCARRERO, "Acordos sobre o conteúdo do ato administrativo a praticar – o artigo 57º/3 do novo CPA (NCPA)", in *Estudos em Homenagem a Rui Machete*, Coimbra, 2015, pp. 714-715; MARK KIRKBY, *Contratos sobre o exercício de poderes públicos*, pp. 337-339.

[205] Rejeitamos, assim, que a substituição de atos administrativos por contratos possa abrir espaço a uma relativa disponibilidade do regime jurídico aplicável e a uma fuga a vinculações de direito público a que o ato substituído estava submetido (por último e por todos, cfr. JORGE ALVES CORREIA, *Contrato e Poder Administrativo*, pp. 497 segs.). Faça-se notar que a permissão legal genérica da substituição de atos administrativos por contratos, sem necessidade de habilitação legal para cada caso, que o legislador português entendeu consagrar continua, ainda hoje, a ser, no essencial, uma originalidade do Direito alemão, que nele foi consagrada contrariando a doutrina e a jurisprudência à época maioritárias e apenas no pressuposto de que a substituição só não constitui uma *Eingriff*, carecida da necessária habilitação legal, desde que o conteúdo do contrato substitutivo não se afaste, no essencial, daquele que seria admissível no ato administrativo substituído: cfr., a propósito, HUERGO LORA, *Los contratos sobre los actos y las potestades administrativas*, pp. 283 e nota 68, e 330, nota 50.

salva contida no início do corpo do artigo 302º resulta que os contratos sobre o exercício de poderes públicos estão excluídos do âmbito de aplicação deste artigo e, por conseguinte, dos artigos subsequentes que se referem aos poderes de conformação do contraente público nele previstos[206].

Coloca-se, entretanto, neste contexto, a delicada questão da interpretação do artigo 336º do CCP, que, a nosso ver, deve ser objeto de particular atenção[207].

Com efeito, o regime introduzido por este artigo, pela ambiguidade do seu teor literal, parece ter sido redigido no propósito de colocar na disponibilidade das partes a definição de matérias que, no nosso ordenamento jurídico, parece dever entender-se que são objeto de normas imperativas, que não estão na disponibilidade da Administração. A nosso ver, o referido artigo pode e deve ser, no entanto, interpretado noutro sentido, que o seu teor literal comporta e a lógica do sistema aconselha: o sentido de que os contratos constitutivos de direitos para os particulares só podem ser resolvidos por supervenientes razões de interesse público dentro dos condicionalismos que o CPA estabelece para a revogação dos atos administrativos com conteúdo correspondente – que foram, aliás, flexibilizados de modo significativo no novo regime introduzido no CPA em 2015 –, pelo que é só dentro desses limites que poderá ser validamente estipulada a respetiva resolução no clausulado do contrato[208]. É, na verdade, este o entendimento que, na nossa interpre-

[206] Para mais desenvolvimentos, cfr. M. Aroso de Almeida, *Teoria Geral do Direito Administrativo,* pp. 470 segs.. Na mesma linha, cfr., entretanto, Jorge Alves Correia, *Contrato e Poder Administrativo,* pp. 795 segs..

[207] Para a exposição da linha de pensamento que parece estar subjacente ao regime do artigo 336º do CCP, cfr. Mark Kirkby, *Contratos sobre o exercício de poderes públicos,* pp. 426 segs. e 300-301.

[208] Para mais desenvolvimentos, cfr. M. Aroso de Almeida, *Teoria Geral do Direito Administrativo,* pp. 476-477. No sentido do texto, cfr. Rebelo de Sousa/Salgado de Matos, *Direito Administrativo Geral,* vol. III, p. 425; Mark Kirkby, *Contratos sobre o exercício de poderes públicos,* p. 430; Jorge Alves Correia, *Contrato e Poder Administrativo,* pp. 795 segs. e 802. Embora não o refira, também Pedro Gonçalves, *Direito dos Contratos Públicos,* pp. 479 e 488, parece vir ao encontro da interpretação enunciada no texto, que temos vindo a preconizar, no que diz respeito ao artigo 336º do CCP, mas, como o Autor não afasta, em termos gerais, a aplicabilidade do artigo 302º do CCP aos contratos sobre o exercício de poderes públicos, não resulta, a nosso ver, claro da sua posição que os contratos substitutivos de atos administrativos constitutivos de direitos não podem ser objeto de atos administrativos de modificação

tação, pode e deve ser extraído da ressalva prevista na parte final do artigo 336º do CCP.

b) São de natureza diferente as questões de regime que se colocam a respeito dos contratos através dos quais a Administração se vincula quanto aos termos em que irá proceder ao exercício futuro dos seus poderes – como se compreende, uma vez que se trata de *contratos preliminares*, que não se referem diretamente às situações jurídicas, que eles próprios não regulam, mas apenas constituem obrigações quanto aos termos da regulação futura de que essas situações jurídicas serão objeto[209].

Desde logo, no que diz respeito à questão da admissibilidade da celebração de tais contratos. Com efeito, como estes contratos não substituem atos administrativos, a questão que, nesse plano, se coloca não é a da escolha de uma forma de atuação jurídica em lugar de outra, mas a de saber se e em que medida pode a Administração vincular-se antecipadamente quanto aos termos do exercício futuro dos seus poderes.

Essa possibilidade é hoje admitida no nosso ordenamento jurídico, tendo sido ultrapassadas as objeções invocáveis em sentido contrário. Com efeito, entende-se que a vinculação da Administração à prática ou omissão futura de um ato administrativo com determinado conteúdo é legítima na medida em que não envolva um ato de disposição dos seus poderes por parte da Administração, mas apenas de exercício antecipado desses poderes[210]. Mas, para que isso suceda, é necessário que, no momento em que a Administração se vincula, ela já esteja na posse de todos os elementos relevantes para a tomada da decisão e verifique que se encontram preenchidos todos os pressupostos necessários para que ela seja tomada nesse sentido: pressupostos vinculados, naturalmente, mas também os pressupostos que ela própria adite, no exercício do po-

ou resolução por razões de interesse público, ou até de resolução sancionatória (!), ao abrigo dos artigos 311º, 333º e 334º do CCP – hipóteses que, como resulta do texto, nos parecem, todas elas, obviamente inaceitáveis.

[209] Para a qualificação dos contratos em causa como contratos preliminares, e suas implicações, cfr. Lucio Franzese, *Il contratto oltre privato e pubblico,* Pádua, 2001, pp. 146-147.

[210] Cfr., por todos, Marta Portocarrero, *Contratos sobre o exercício de poderes públicos, transação* e arbitragem – Ensaio sobre a disponibilidade e indisponibilidade do poder administrativo, Porto, 2015, pp. 81 segs.; Sérvulo Correia, *Legalidade e autonomia contratual no contrato administrativo,* p. 749; Huergo Lora, *Los contratos sobre los actos y las potestades administrativas,* pp. 263 segs. e nota 47.

der discricionário que a lei lhe confira, para reconhecer a existência da situação de interesse público que determina ou exige a prática do ato e que ele seja praticado com o conteúdo que foi determinado[211].

Sobre esta matéria, rege o nº 2 do artigo 337º do CCP, que, no entanto, coloca, a nosso ver, dificuldades de interpretação, tendo em particular consideração a crucial questão de saber se os contratos mediante os quais a Administração se comprometa à prática ou omissão futura de um ato administrativo com determinado conteúdo só podem ser celebrados no decurso do procedimento dirigido à prática do ato em causa – tratando-se, nesse caso, de *acordos endoprocedimentais,* na modalidade desta figura que, hoje, se encontra prevista no nº 3 do artigo 57º do CPA –, ou se também podem ser celebrados em momento anterior à própria iniciativa do procedimento – hipótese de *acordos pré-procedimentais,* em que a legitimidade da vinculação contratual prévia da Administração tem de ser articulada com o papel que, nos termos da lei, o procedimento não pode deixar de desempenhar no contexto da formação da decisão administrativa. Na verdade, não é admissível a vinculação prévia da Administração quanto ao resultado do procedimento, representando esta, a nosso ver, uma forte limitação à legitimidade dos vínculos que a Administração pode assumir quanto ao exercício dos seus poderes[212].

Questões de regime também se colocam, entretanto, no plano da determinação das consequências da invalidade do contrato sobre o ato prometido e do eventual incumprimento do contrato sobre a validade do ato administrativo que venha a ser praticado em desconformidade com a obrigação contratualmente assumida[213].

[211] Cfr., por exemplo, SÉRVULO CORREIA, *Legalidade e autonomia contratual no contrato administrativo,* pp. 749 segs.

[212] A nosso ver, este é o problema mais complexo que se coloca a propósito deste tipo de contratos. Para uma síntese dos termos da questão, cfr., v.g., MARK KIRKBY, *Contratos sobre o exercício de poderes públicos,* pp. 361 segs.; FILIPA CALVÃO, "Contratos sobre o exercício de poderes públicos", pp. 343-346; HUERGO LORA, *Los contratos sobre los actos y las potestades administrativas,* pp. 325-326 e nota 45.

[213] Sobre estas questões e, em geral, sobre a relação que se estabelece entre o contrato e o ato que é praticado em execução do acordado, cfr., por exemplo, FILIPA CALVÃO, "Contratos sobre o exercício de poderes públicos", pp. 367 segs.; MARTA PORTOCARRERO, "Acordos sobre o conteúdo do ato administrativo a praticar", pp. 730 segs.; HUERGO LORA, *Los contratos sobre los actos y las potestades administrativas,* pp. 367 segs.; STICCHI DAMIANI, *Attività amministrativa consensuale e accordi di programma,* pp. 54-56.

34. Como resulta de tudo o que foi dito, faz falta, no nosso ordenamento jurídico, um regime minimamente estruturado para os contratos sobre o exercício de poderes públicos, em que o regime dos artigos 336º e 337º do CCP seja substituído por um conjunto articulado de soluções aptas a dar resposta aos complexos problemas que neste domínio se colocam: o regime para o qual, com boa vontade interpretativa, se pode entender, como vimos, que hoje remete o nº 2 do artigo 280º do CCP e que, de harmonia com o disposto neste preceito, deveria ser, a nosso ver, introduzido, como foi dito, no último capítulo do CPA, dedicado aos contratos da Administração Pública (cfr. *supra,* nº 29).

Já noutra sede enunciámos as principais soluções normativas que, a nosso ver, deveria conter um regime disciplinador dos contratos sobre o exercício de poderes públicos[214]. Essas soluções são as que, sinteticamente, se passam a enunciar.

a) No que diz respeito ao regime dos contratos substitutivos de atos administrativos, haveria, a nosso ver, que começar por se assumir que a possibilidade de optar, em situações concretas, pela utilização da forma do contrato em substituição da forma do ato administrativo não tem, como foi dito, o alcance de subtrair a Administração ao dever de observar o princípio da legalidade, pelo qual se rege todo o exercício de poderes administrativos, de onde resulta que o contrato substitutivo de ato administrativo se encontra submetido ao mesmo regime de legalidade material aplicável ao ato administrativo com o mesmo objeto que introduza idêntica regulamentação da situação concreta.

De harmonia com este postulado, haveria, por outro lado, que assumir também que a substituição do ato por contrato não pode ser determinada pelo propósito de impor ao particular, através do contrato, obrigações, ónus ou sujeições que não lhe pudessem ser impostas através da inserção de cláusulas particulares ou acessórias no conteúdo do ato substituído, pelo que a eventual imposição acessória ao co-contratante da realização de contrapartidas para o interesse público só seria admis-

[214] Cfr. Mário Aroso de Almeida, *Teoria Geral do Direito Administrativo,* pp. 428-429 e "Breves notas para um novo regime do CCP em matéria de contratos sobre o exercício de poderes públicos", in Maria João Estorninho (ed.), *A transposi*ção das Diretivas Europeias de 2014 e o Código dos Contratos Pú*blicos,* e-book, ICJP, Lisboa, 2016. Sobre o tema, cfr., entretanto, também Jorge Alves Correia, *Contrato e Poder Administrativo,* pp. 724 segs..

sível quando fosse determinante para justificar, como mais favorável para o interesse público, o exercício do poder discricionário em sentido favorável ao interessado que é objeto principal do contrato. Daqui decorre que os contratos constitutivos de direitos para os particulares só poderiam ser modificados ou resolvidos por supervenientes razões de interesse público dentro dos condicionalismos que a lei estabelece para a revogação dos atos administrativos de conteúdo correspondente, pelo que só dentro desses limites poderia ser validamente estipulada a previsão da respetiva modificação ou resolução no clausulado do contrato.

Esta solução, que naturalmente decorre da aplicação dos princípios, é, a nosso ver, aquela que, já hoje, resulta da interpretação adequada do regime do artigo 336º do CCP, na parte que diz respeito aos contratos substitutivos de atos administrativos. Não podemos deixar, no entanto, de reconhecer que o texto do preceito é ambíguo, pelo que o sentido da sua interpretação é equívoco. Daí o interesse na clarificação deste ponto, que, naturalmente, envolveria a eliminação do regime do artigo 336º do CCP, pondo cobro a um perigoso experimentalismo, que, no aparente propósito de promover a todo o custo a flexibilização do conteúdo dos contratos sobre o exercício de poderes públicos, como se tal resultado fosse, por definição, um bem em si mesmo, conduziu à consagração, no referido artigo, de um regime sem paralelo no direito comparado[215] e que não dispunha, na doutrina pátria que o precedeu, de alicerces aptos a fornecer-lhe uma base sedimentada de sustentação.

b) No que, por sua vez, diz respeito ao regime dos contratos obrigacionais, mediante os quais a Administração se compromete quanto aos termos em que procederá no futuro ao exercício concreto dos seus poderes, haveria, a nosso ver, que explicitar que, para que a Administração

[215] Faça-se notar, a este propósito, que, como adverte Huergo Lora, *Los contratos sobre los actos y las potestades administrativas*, p. 281, os contributos provenientes, quanto a este ponto, do direito comparado devem ser, aliás, lidos com grande precaução, na medida em que, em ordenamentos jurídicos como o italiano e o alemão, os atos administrativos constitutivos de direitos são livremente revogáveis, pelo que não existem sobre a matéria regimes garantísticos aplicáveis ao ato administrativo substituído que devam ser respeitados pelo contrato substitutivo: a propósito do Direito italiano, cfr., por exemplo, Sticchi Damiani, *Attività amministrativa consensuale e accordi di programma*, p. 68, em nota, e Bruti Liberati, *Consenso e funzione nei contratti di diritto pubblico tra amministrazioni e privati*, pp. 50-51, em nota, e 186-189.

possa vincular-se antecipadamente quanto aos termos do exercício futuro dos seus poderes, é necessário que, no momento em que se vincula, ela já esteja na posse de todos os elementos relevantes para a tomada da decisão e verifique que, não só se encontram preenchidos os pressupostos legalmente exigidos para que ela possa ou deva ser tomada nesse sentido, mas também, não estando em causa o exercício de um poder vinculado, que existem *motivos* que identifica como determinantes para o exercício do poder discricionário no sentido convencionado. Este é o postulado em que, a nosso ver, se funda, e à luz do qual deveria ser, por isso, interpretado, o regime do nº 2 do artigo 337º do CCP, na parte em que se refere aos "pressupostos que ditariam o exercício da discricionariedade administrativa no sentido convencionado", mas que, precisamente por isso, haveria, quanto a nós, toda a vantagem em assumir de forma clara.

Por outro lado, decorre do referido postulado que não é admissível a vinculação prévia da Administração quanto ao resultado de procedimentos ainda não instruídos, representando esta, a nosso ver, uma forte limitação à legitimidade dos vínculos que a Administração pode assumir quanto ao exercício futuro dos seus poderes. Por conseguinte, também seria, a nosso ver, de consagrar, neste domínio, uma disposição que submetesse expressamente à condição da compatibilidade do respetivo cumprimento com o resultado do procedimento os contratos mediante os quais a Administração se comprometa quanto aos termos do exercício futuro de um seu poder em momento anterior ao desenvolvimento do procedimento respeitante ao exercício concreto do poder em causa.

Questões de regime que também se colocam a propósito dos contratos mediante os quais a Administração se vincula à prática ou omissão futura de um ato administrativo dizem respeito às consequências da invalidade do contrato sobre o ato prometido e do eventual incumprimento do contrato sobre a validade do ato administrativo que venha a ser praticado em desconformidade com a obrigação contratualmente assumida. Também estas questões deveriam merecer, por isso, resposta no quadro do regime aplicável aos contratos sobre o exercício de poderes públicos.

A nosso ver, o aspeto em relação ao qual se afigura mais problemática a determinação do regime aplicável aos contratos administrativos obrigacionais sobre o exercício de poderes públicos é o que diz respeito ao regime da modificação e extinção destes contratos.

Sobre essa matéria, já existe o nº 2 do artigo 337º do CCP, que, a nosso ver, prevê a ocorrência de alterações objetivas das circunstâncias, embora optando – de modo, a nosso ver, discutível – por lhes fazer corresponder uma solução automática de caducidade do contrato. A nosso ver, seria, no entanto, de prever também a possibilidade da aplicação propriamente dita, neste domínio, do instituto da alteração objetiva de circunstâncias, designadamente para o efeito de qualquer das partes poder obter a modificação do contrato, sendo, nesse contexto, de integrar, no regime relativo aos contratos sobre o exercício de poderes públicos, previsão correspondente à da alínea a) do artigo 312º e a previsão do nº 4 do artigo 313º do CCP.

A nosso ver, a própria função que os contratos obrigacionais sobre o exercício de poderes públicos visam prosseguir seria, entretanto, defraudada, em prejuízo da confiança por eles gerada, se eles pudessem ser livremente modificados ou resolvidos pelo contraente público por razões de interesse público apenas decorrentes «de uma nova ponderação das circunstâncias existentes», a exemplo do que admitem os artigos 312º e 334º do CCP, no que diz respeito aos contratos de colaboração dos particulares na prossecução das atribuições das entidades administrativas. A nosso ver, o regime de modificação e resolução dos contratos aqui em referência não deve, por isso, estender a estes contratos a aplicabilidade de soluções que, fora dos casos de alteração objetiva das circunstâncias, admitem a imposição pelo contraente público da modificação ou da resolução do contrato por razões de interesse público.

A nosso ver, deve, na verdade, entender-se que, no momento em que, de posse de todos os elementos relevantes para a tomada da decisão, a Administração conclua, como foi dito, que existem *motivos* que identifica como determinantes para o exercício do poder discricionário em determinado sentido e, em função disso, ela se vincule quanto aos termos do exercício futuro do seu poder, o exercício do seu poder discricionário fica consumido pela pré-determinação dos termos do seu exercício, de modo que tudo deve passar-se como se a decisão já tivesse sido tomada e, portanto, como se já tivesse sido praticado um ato constitutivo de direitos, que só dentro de determinados pressupostos pode ser revogado. Por conseguinte, os contratos em referência só devem, quanto a nós, poder cessar ou ser modificados com fundamento em alterações objetivas das circunstâncias.

3.4.2. Regime dos contratos interadministrativos

35. No que diz respeito ao regime aplicável às relações jurídicas emergentes dos *contratos interadministrativos*, vimos atrás que, dentro do universo dos contratos que podem ser celebrados entre entidades administrativas, há que distinguir aqueles que poderiam ser celebrados, nos mesmos termos, entre um contraente público e um cocontratante privado, daqueles que apresentam características que os diferenciam intrinsecamente dos demais, consubstanciando formas de cooperação interadministrativa que só podem ser constituídas entre entidades públicas. Com efeito, uma entidade pública pode adquirir bens ou serviços a outra entidade pública em termos substancialmente idênticos àqueles em que o pode fazer a um privado. Muitas categorias de contratos podem, pois, ser celebradas entre entidades públicas. Encontramo-nos, nesse caso, perante contratos que, à luz do critério subjetivo, são contratos interadministrativos, mas que, por aplicação do critério da causa-função, são vulgares contratos de procura pública. Ora, não há razões que justifiquem a submissão de contratos interadministrativos dessa natureza a um regime próprio, diferente daquele que é aplicado aos contratos da mesma natureza que são celebrados entre contraentes públicos e cocontratantes privados. Da circunstância de serem celebrados entre entidades públicas não advêm, pois, consequências quanto ao regime substantivo a aplicar a tais contratos.

Centraremos, por isso, a atenção nos contratos de *cooperação interadministrativa*.

Pode, entretanto, dizer-se que, sem prejuízo dos valiosos contributos da doutrina mais recente[216], estes contratos, por não se enquadrarem nas categorias que, ainda hoje, o CCP assume como os contratos administrativos por excelência – os contratos de procura pública e, em particular, os contratos de colaboração subordinada dos particulares com a Administração –, não foram, até tempos recentes, objeto da construção teórica necessária para suportar a sua adequada caracterização e a identificação dos traços gerais do regime normativo que lhes deve ser aplicado.

[216] Cfr., em particular, os textos já citados de ALEXANDRA LEITÃO, a culiminar na sua dissertação de doutoramento sobre o tema, intitulada *Contratos interadministrativos*.

Isto é evidenciado pelo regime do CCP sobre a matéria. Com efeito, o CCP dedica atenção específica a esta categoria de contratos numa secção própria do Título I da sua Parte III, a secção II do capítulo IX, constituída apenas pelo artigo 338º. São, no entanto, óbvias as dificuldades que decorrem da incipiência do regime consagrado neste artigo, a que a revisão do Código não foi, a nosso ver, capaz de dar resposta e que, por isso, nos parecem dever ser objeto de apreciação crítica.

Com efeito, o artigo 338º do CCP, na sua redação primitiva, limitava-se a estabelecer a diferenciação, dentro do universo dos contratos interadministrativos, de duas categorias, a dos *contratos de coordenação*, celebrados «num plano de igualdade jurídica» entre as partes, «segundo uma óptica de harmonização do desempenho das respetivas atribuições», e a dos *contratos de subordinação*, pelos quais um dos contraentes públicos "se submeta ao exercício de poderes de autoridade pelo outro", para o efeito de estabelecer que o regime do Título I da Parte III só era diretamente aplicável, "com as adaptações necessárias", aos contratos da segunda categoria, e não da primeira[217].

Do artigo 338º do CCP, na sua redação primitiva, resultava, pois, que os contratos interadministrativos estavam submetidos a regimes normativos diferenciados, dependendo da respetiva causa-função, e que, quando envolvessem a constituição de relações jurídicas de subordinação entre as partes, eles ficavam submetidos ao regime do Título I da Parte III do Código, ainda que «com as adaptações necessárias». Quanto ao mais, o artigo era omisso na definição do regime aplicável aos contratos interadministrativos de coordenação.

[217] Como já atrás fizemos notar, a nosso ver, subjacente ao modo como o CCP colocava a questão, nos termos descritos no texto, estava uma visão clássica marcadamente autoritária do contrato administrativo (evidenciada em diversos pontos do regime da Parte III do Código, a que já atrás fizemos referência), à época cristalizada, na recente doutrina nacional, na obra de PEDRO GONÇALVES, *O contrato administrativo*, pp. 33-36, que, defendendo que a autonomia do contrato administrativo assentava num "*regime substantivo de direito público* (...) que, na sua essência, se caracteriza por conferir à entidade pública uma posição de *supremacia jurídica* sobre o seu contratante", sustentava que, nos "designados *contratos paritários*", "a autonomia substantiva não é de facto visível, sendo por isso nulos ou reduzidos os traços de regime substantivo que os distinguem do contrato de direito privado". Nesta perspectiva se compreendia, pois, a solução do artigo 338º do CCP, de afastar a aplicabilidade do regime do Título I da Parte III, pensado para relações contratuais de supremacia e sujeição, aos contratos interadministrativos paritários.

A nosso ver, era compreensível a contenção do CCP na definição do regime aplicável a estes contratos. Compreendia-se, na verdade, que o legislador, tendo tido como preocupação primacial, no Título I da Parte III do CCP, consagrar um regime de supremacia do contraente público no âmbito dos contratos de colaboração subordinada dos particulares com a Administração, tivesse tido o cuidado de excluir do âmbito de aplicação desse regime contratos que, por terem primacialmente por objeto promover a cooperação paritária entre entidades públicas, ele terá assumido que poderiam ser, no essencial, conformadas pelas partes[218].

Na verdade, o que, a nosso ver, é artificial é que o CCP configure com tanto detalhe, no Título I da sua Parte III, um regime pretensamente geral dos contratos administrativos, que, no essencial, apenas toma como referência os contratos de colaboração subordinada; não é que ele assuma, com humildade, que esse regime, por ser configurado desse modo, não deve ser aplicado aos contratos administrativos em geral, mas só a certas categorias de entre eles, e, por isso, só em escassa medida a contratos interadministrativos de cooperação[219].

Mas como, no Título I da Parte III, não se procede à necessária separação entre o que efetivamente corresponde a um regime geral dos contratos administrativos e o que já corresponde ao regime comum dos contratos de colaboração subordinada, a subtração pelo artigo 338º, na sua redação primitiva, dos contratos interadministrativos de cooperação ao respetivo âmbito de aplicação deu origem a lacunas de regulação quanto a aspetos de regime como o das invalidades contratuais, matéria em que, como já foi explicado, se deve entender que o regime dos artigos 283º a 285º é de aplicabilidade comum a todos os contratos.

Para dar resposta ao problema, foi, por isso, defendido na doutrina que o CCP devia impor a aplicabilidade do regime do Título I da sua Parte III, ainda que com adaptações, aos contratos interadministrativos

[218] Cfr. Rebelo de Sousa/Salgado Matos, *Direito Administrativo Geral*, tomo III, p. 380.

[219] A nosso ver, este é, na verdade, um domínio em que aos Códigos não se recomendam ambições excessivas de regulação, por não ser exequível a pretensão de neles se estabelecerem regimes de aplicabilidade alargada, pelo que devem ater-se apenas a grandes categorias, sem prejuízo das espécies avulsas, cujo regime deve ser objeto de lei especial e/ou da própria estipulação no instrumento contratual: na mesma linha, cfr. Rebelo de Sousa/Salgado Matos, *Direito Administrativo Geral*, tomo III, p. 380.

de coordenação[220]. E, na verdade, veio a orientar-se nesse sentido o legislador da revisão do CCP, na nova redação dada ao artigo 338º.

Em nossa opinião, a solução deve ser, no entanto, objeto de apreciação crítica, na medida em que, como já atrás foi assinalado, o artigo 338º do CCP, na sua redação primitiva, era, a nosso ver, a mais cristalina demonstração de que o regime do Título I da Parte III do CCP tinha sido primacialmente pensado em função do paradigma do contrato de colaboração subordinada, por referência a contratos mediante os quais uma das partes se submete ao exercício de poderes de autoridade por parte da outra. É, na verdade, esta circunstância que explica, e mesmo determina, que o essencial desse regime não seja de molde a poder ser aplicado às relações contratuais interadministrativas de cooperação. Não se afigura, por isso, satisfatória a nova solução do artigo 338º do CCP, que, retirando às partes nos contratos interadministrativos a ampla liberdade de conformação de que dispunham e que, a nosso ver, lhes devia ser reconhecida neste domínio, veio consagrar uma regra de aplicabilidade geral do regime do Título I da Parte III do CCP aos contratos interadministrativos, ainda que com a possibilidade de «adaptações»(?) quando os contratos sejam celebrados num plano de igualdade jurídica entre as partes.

A nosso ver, a nova redação dada ao artigo 338º do CCP continua, por isso, a ser a demonstração da incipiência da construção teórica que entre nós tem sido desenvolvida sobre os contratos interadministrativos, num domínio em que, no estádio de evolução em que nos encontramos, teria sido, quanto a nós, mais sensato submeterem-se estes contratos apenas ao regime comum de invalidade dos artigos 283º a 285º e, quanto ao mais, preservar-se a liberdade das partes de conformação das suas relações contratuais, mesmo quando estas não se constituam num plano de igualdade jurídica entre si. Não pode deixar, na verdade, de impressionar a sanha disciplinadora do legislador do CCP, mesmo no que diz respeito à definição da disciplina a aplicar à execução de contratos de cooperação a celebrar entre entidades públicas...

[220] Cfr. Alexandra Leitão, "Os contratos interadministrativos", pp. 772-773, e *Contratos interadministrativos*, pp. 394-395; Rebelo de Sousa/Salgado Matos, *Direito Administrativo Geral*, tomo III, p. 426.

Para se poder ir, entretanto, mais longe na determinação do possível conteúdo de um regime jurídico comum a fixar para os contratos interadministrativos de cooperação, haveria, a nosso ver, que proceder-se ao levantamento de regimes especiais previstos em legislação avulsa e à identificação de espécimes contratuais atípicos. Na verdade, a análise dos tipos contratuais previstos em lei especial, assim como dos espécimes atípicos que possam ser identificados, poderia permitir proceder à sua categorização e, a partir dela, a uma primeira caracterização, nos seus traços essenciais, dos regimes jurídicos mais adequados para conformar as relações jurídicas que deles emergem, em ordem a dar corpo a um regime comum dos contratos interadministrativos de cooperação[221].

[221] No sentido do texto, preconizando que, dentro do Título I da Parte III do CCP, se distinguissem "aqueles aspetos que, sendo específicos dos contratos de colaboração subordinada, não se podem aplicar a contratos interadministrativos paritários, daqueles outros cuja aplicação faz sentido em qualquer tipo de contrato interadministrativo", e identificando também um conjunto de especificidades que, em seu entender, também devem diferenciar o regime dos contratos interadministrativos de subordinação do regime aplicável aos contratos de colaboração subordinada celebrados entre a Administração e os particulares, cfr. ALEXANDRA LEITÃO, *Lições de Direito Administrativo*, pp. 299 segs..

ÍNDICE